T0198676

essentials

essentials liefern aktuelles Wissen in konzentrierter Form. Die Essenz dessen, worauf es als „State-of-the-Art" in der gegenwärtigen Fachdiskussion oder in der Praxis ankommt. *essentials* informieren schnell, unkompliziert und verständlich

- als Einführung in ein aktuelles Thema aus Ihrem Fachgebiet
- als Einstieg in ein für Sie noch unbekanntes Themenfeld
- als Einblick, um zum Thema mitreden zu können

Die Bücher in elektronischer und gedruckter Form bringen das Expertenwissen von Springer-Fachautoren kompakt zur Darstellung. Sie sind besonders für die Nutzung als eBook auf Tablet-PCs, eBook-Readern und Smartphones geeignet. *essentials:* Wissensbausteine aus den Wirtschafts-, Sozial- und Geisteswissenschaften, aus Technik und Naturwissenschaften sowie aus Medizin, Psychologie und Gesundheitsberufen. Von renommierten Autoren aller Springer-Verlagsmarken.

Weitere Bände in dieser Reihe http://www.springer.com/series/13088

Maria Vorbrugg · Hatto Brenner

Geschäftsanbahnung in Spanien

Aus der Praxis für die Praxis

 Springer Gabler

Maria Vorbrugg
Aguadulce, Almeria
Spanien

Hatto Brenner
Erlangen
Deutschland

ISSN 2197-6708   ISSN 2197-6716 (electronic)
essentials
ISBN 978-3-658-15104-1   ISBN 978-3-658-15105-8 (eBook)
DOI 10.1007/978-3-658-15105-8

Die Deutsche Nationalbibliothek verzeichnet diese Publikation in der Deutschen National-
bibliografie; detaillierte bibliografische Daten sind im Internet über http://dnb.d-nb.de abrufbar.

Springer Gabler
© Springer Fachmedien Wiesbaden 2016

Gedruckt auf säurefreiem und chlorfrei gebleichtem Papier

Springer Gabler ist Teil von Springer Nature
Die eingetragene Gesellschaft ist Springer Fachmedien Wiesbaden GmbH

Was Sie in diesem *essential* finden können

- Eine Vorstellung der spanischen Wirtschaft
- Einen lebendigen Überblick über Land und Leute
- Informationen zu den gesetzlichen und steuerlichen Rahmenbedingungen

Vorwort

Seit meiner Jugend übt Spanien einen besonderen Reiz auf mich aus. Nicht nur, dass ich den Übergang des politischen Systems von Francisco Franco auf Juan Carlos miterlebte, sondern auch verschiedene Aufstände der Basken im Großraum Barcelona. Sichtbare Wandlungsprozesse im Lande nach der Weltausstellung im Jahr 1992 in Sevilla und den Einfluss von EU-Fördermaßnahmen in Andalusien, im Baskenland und in Galicien erlebte ich im direkten persönlichen Kontakt.

Insbesondere seit dem EU-Beitritt 1986 erlebte das Land einen starken und deutlichen Wandel. Die zunehmende Integration des Landes „hinter den Pyrenäen" in die EU vollzog sich sichtbar und eindrucksvoll. Nicht nur der stark wachsende Tourismus, sondern auch industrielle Engagements, wie z. B. die Übernahme von Seat durch den Volkswagenkonzern, waren hierfür deutlich äußere Zeichen.

Inzwischen haben sich auch meine familiären Verbindungen in den Norden Spaniens deutlich verstärkt, denn auch ein Teil meiner Freunde lebt und arbeitet in Spanien. Hierzu gehört auch Maria Vorbrugg, die gemeinsam mit ihrer Familie vor nahezu 10 Jahren nach Almeria in den südlichen Teil von Spanien gezogen ist, um für einen internationalen Konzern Großanlagen zur Erzeugung von Strom aus Sonnenenergie zu installieren.

Maria Vorbrugg gibt aus einer international erfahrenen Sicht einen interessanten Einblick in die derzeitige Situation Spaniens.

Erlangen, Deutschland   Hatto Brenner

Inhaltsverzeichnis

Über die Autoren

Maria Vorbrugg ist Griechin, in Deutschland auf-
gewachsen und lebt seit 10 Jahren in Spanien. Sie
ist Übersetzerin für Französisch und Spanisch und
gelernte Industriefachwirtin. Seit über 25 Jahren
arbeitet sie in internationalen Firmen, dort jeweils
immer in den Verkaufs- und/oder Projektabteilun-
gen. Seit 8 Jahren ist sie als Projektmanagerin für
Solarthermische und Fotovoltaikanlagen in internationalen Märkten tätig. Innerhalb von Unternehmen
und internationalen Organisationen hat sie unterschiedliche Arbeitsweisen, Mentalitäten und Gepflogenheiten ebenso kennengelernt, wie den Umgang
mit Kundenorganisationen und Behörden.

Hatto Brenner verfügt über langjährige Erfah-
rung in leitenden Positionen international tätiger
Unternehmen. Als Buchautor, Seminaranbieter
und selbstständiger Berater hat er sich speziali-
siert auf den Themenbereich „Internationales Business Development". Mit seinem international
verankerten Dienstleistungsangebot unterstützt er
vorwiegend mittelständische Unternehmen beim
Aufbau und bei der Abwicklung internationaler
Geschäftsaktivitäten. Als Präsidiumsmitglied international orientierter Unternehmerverbände fördert
er grenzüberschreitende Geschäftsaktivitäten der
Mitgliedsunternehmen.

Einleitung 1

Mit diesem *essential* möchten wir Tipps weitergeben, die für die Geschäftsanbahnung in Spanien hilfreich sein können, fokussiert auf wichtige Branchen des Landes, Tourismus, Landwirtschaft, erneuerbare Energien, aber auch andere Branchen vorstellen, die für Spanien wichtig sind. Ziel ist es, ein Handbuch zu präsentieren, mit nützlichen Informationen zu den gesetzlichen, sozialen und steuerlichen Rahmenbedingungen, die, als EU-Land, oft ähnlich denen Deutschlands sind. Wir möchten aber auch persönliche Impressionen zur Arbeitsmentalität, zu den Gepflogenheiten, zum Leben in Spanien und persönliche Eindrücke von noch auszuschöpfenden Geschäftsideen vermitteln. Selbstverständlich kann dieses *essential* nur als Anregung gesehen werden, denn es ist unmöglich, alle Themen erschöpfend zu bearbeiten.

Die Informationen in diesem Buch sind gerichtet an:

- Firmen, Freiberufler, die spanische Geschäftspartner haben oder dies planen
- Firmen, Freiberufler, die sich in Spanien niederlassen möchten
- Familien, die vorhaben aus beruflichen Gründen nach Spanien zu ziehen

Eine kleine Anmerkung zur Gültigkeit der Angaben. Dieses Buch wurde Anfang 2016 geschrieben. Ende Dezember 2015 fanden in Spanien allgemeine Parlamentswahlen statt, bei denen auch neue Parteien gewählt wurden. Es wurde monatelang diskutiert, aber es kam keine Regierungsbildung zustande. Somit wurden für Juni 2016 Neuwahlen festgelegt.

Alle Angaben sind bezogen auf die Zeit vor Juni 2016.

© Springer Fachmedien Wiesbaden 2016   1
M. Vorbrugg und H. Brenner, *Geschäftsanbahnung in Spanien*, essentials,
DOI 10.1007/978-3-658-15105-8_1

Gebietsaufteilung, politische Struktur, regionale Sprachen

2

Gebietsaufteilung[1]

Spanien hat eine Fläche von ungefähr 500.000 Quadratkilometern, liegt im äußersten Südwesten Europas und nimmt den größten Teil der Iberischen Halbinsel, die es mit Portugal teilt, ein. Zum spanischen Staatsgebiet gehören außerdem die Balearischen Inseln im Mittelmeer, die Kanarischen Inseln im Atlantischen Ozean vor der Küste Nordafrikas sowie die auf dem afrikanischen Kontinent befindlichen Städte Ceuta und Melilla. Spanien hat etwa 46 Mio. Einwohner. Madrid, Barcelona, Valencia, Sevilla, Bilbao und Zaragoza sind die wichtigsten Städte Spaniens.

Das Staatsgebiet ist in Gemeinden, 50 Provinzen und 17 Autonome Gemeinschaften („Comunidades Autónomas", den Bundesländern vergleichbar) sowie die Nordafrikanischen Exklaven Ceuta und Melilla gegliedert.

Die autonomen Gemeinschaften, wie in Abb. 2.1 zu sehen, haben eigene Kompetenzen in bestimmten Themenbereichen, wie zum Beispiel der Organisation ihrer Selbstverwaltungsorgane, der Wirtschaftsförderung, der autonomen Gemeinschaft oder dem Gesundheitswesen. Das Fundament der Selbstverwaltung bilden ein durch allgemeine Wahlen ermitteltes Parlament („Asamblea Legislativa"), eine Regierung („Consejo de Gobierno") mit Exekutiv- und Verwaltungsaufgaben und ein vom Parlament aus seinen Mitgliedern gewählter und vom König ernannter Präsident, dem die Regierungsführung, die oberste Vertretung der Region und die ordentliche Vertretung des Staates innerhalb der Region obliegen.

---

[1](*aus Geschäfte Spanien – Bove – pdf*) Bové Montero & Asociados – Geschäfte machen in Spanien – 10. Auflage, Profit Editorial I., S.L., Barcelona, 2012.

© Springer Fachmedien Wiesbaden 2016
M. Vorbrugg und H. Brenner, *Geschäftsanbahnung in Spanien,* essentials,
DOI 10.1007/978-3-658-15105-8_2

3

Abb. 2.1 Gebietsaufteilung Spanien, ohne Ceuta und Melilla, Exklaven in Nordafrika

Politische Struktur

Spanien ist eine parlamentarische (Erb-)Monarchie[2]. Mit der am 27. Dezember
1978 in Kraft getretenen Verfassung hat sich das Land als sozialer und demokrati-
scher Rechtsstaat konstituiert. Die Verfassung gründet sich auf die unauflösliche
Einheit der spanischen Nation. Sie gewährleistet das Recht der Nationalitäten und
die regionale Autonomie und die Solidarität zwischen diesen. Der König ist
Staatsoberhaupt und Symbol der Einheit und Beständigkeit des spanischen Staates. Er ernennt den Ministerpräsidenten, nachdem diesem vom Kongress das Ver-
trauen ausgesprochen wurde, und kann diesen nach Maßgabe der Verfassung
seines Amtes entheben. Außerdem ernennt und entlässt der König auf Vorschlag
des Ministerpräsidenten die Mitglieder der Regierung. Er hat den Oberbefehl
über die Streitkräfte sowie das Begnadigungsrecht, übt aber ansonsten keine
direkte Staatsgewalt aus.

---

[2]http://www.auswaertiges-amt.de/DE/Aussenpolitik/Laender/Laenderinfos/Spanien/Innen-
politik_node.html.

Der Ministerpräsident bestimmt und leitet an der Spitze seiner Regierung die Innen- und Außenpolitik, die Zivil- und Militärverwaltung und die Landesverteidigung. Die Regierung ist dem Abgeordnetenhaus für ihre politische Amtsführung verantwortlich.

Die Gesetzgebungsgewalt obliegt den „Cortes Generales", dem vom spanischen Volk gewählten Parlament, das sich aus dem „Congreso de los Diputados" (Abgeordnetenhaus) und dem „Senado" (Senat) zusammensetzt.

Regionale Sprachen
Die offizielle Landessprache in Spanien ist Spanisch oder Kastilisch (español/castellano). Katalanisch, Valencianisch, Baskisch und Galizisch sind ebenso Amtssprachen in ihren jeweiligen autonomen Gemeinschaften.

Diese regionalen Sprachen sind Kastilisch in den jeweiligen Autonomen Gemeinschaften als Amtssprachen gleichgestellt. Das bedeutet, dass sie in öffentlichen Angelegenheiten, Schulen und Universitäten gebraucht werden können. Die Anerkennung und der Schutz der sprachlichen Vielfalt werden darüber hinaus in Artikel 3 der Verfassung garantiert.

Die Stärken der spanischen Wirtschaft

3

Welche Aspekte sind ausschlaggebend, um Geschäftsbeziehungen mit Spanien zu pflegen? Spanien ist eines der attraktivsten Länder Europas mit 46 Mio. potenziellen Konsumenten und zusätzlich mehr als 60 Mio. Touristen, die das Land jedes Jahr besuchen. Als EU-Mitgliedsland eröffnet Spanien den freien Zugang zu einem der größten Weltmärkte mit ca. 500 Mio. Einwohnern. Spanien bietet zudem einen optimalen Ausgangspunkt für den Zugang zum gesamten Mittelmeerraum, nach Nordafrika und selbstverständlich zum südamerikanischen Raum, auch aufgrund der wirtschaftlichen, geschichtlichen, linguistischen und kulturellen Verbindungen.

Ein Büro oder eine Niederlassung in Spanien zu haben, ebnet somit den Weg zu einem unermesslich großen Markt. Es wird die Lebensqualität geschätzt, in diesem Land mit sehr vielen Küsten, vielen Bergen und vielfältiger Landschaft sowie die Qualität der Arbeitnehmer und das Lohnniveau. Kritisiert und für verbesserungswürdig gehalten wird hingegen die Zähigkeit der Verwaltung, der Gerichte und die ständig wechselnden Regulierungen.

Im Vergleich zu anderen Wirtschaftsnationen in Europa hat Spanien eine hohe Anzahl von Universitätsabgängern, unter anderem, weil viele Berufe mit einem Universitätsabschluss enden, während diese in Deutschland Ausbildungsberufe sind.

Man kann sagen, wie in den meisten Ländern, konzentriert sich die Industrie im Norden des Landes, während der Süden vor allem vom Tourismus und der Landwirtschaft geprägt ist.

Im Norden, im Baskenland, findet man mehrheitlich Schwerindustrie, Eisen- und Stahlindustrie, die allerdings in den letzten Jahren stark zurückgegangen ist. In Katalonien gibt es chemische Industrie, aber auch Textilindustrie. Im Zentrum um Madrid und im Osten, genannt sei die autonome Gemeinschaft Valencia, findet man ein breites Spektrum der verarbeitenden Industrie.

© Springer Fachmedien Wiesbaden 2016
M. Vorbrugg und H. Brenner, *Geschäftsanbahnung in Spanien, essentials,*
DOI 10.1007/978-3-658-15105-8_3

Der wichtige Bereich der Schiffsindustrie verteilt sich im Norden in Bilbao, im Nordosten in El Ferrol und in Andalusien in Cadiz. Als Zugpferd der spanischen Wirtschaft zählen jedoch weiterhin der Tourismus und die Landwirtschaft. In Spanien werden 54 % des Landes für landwirtschaftliche Zwecke genutzt. Es werden vor allem Zitrusfrüchte, Gemüse und Getreide angebaut. Der Bereich der Nahrungsmitteltechnologie wächst immer stärker. Weiterhin hat der Fischfang in den Mittelmeerregionen sehr große Bedeutung. Der Abbau von Meersalz in den Küstenregionen ist ebenfalls von großer wirtschaftlicher Bedeutung. Spanien ist außerdem weltweit der drittgrößte Weinproduzent.

Schauen wir uns die Wirtschaftssektoren der autonomen Gemeinschaften[1] von Norden nach Süden an, wobei wir nicht den Anspruch erheben, vollständige Angaben zu machen, denn jede Region bietet unzählige Möglichkeiten:

Galicien

Galicien[2] liegt in Nordwest-Spanien und grenzt im Norden an das Kantabrische Meer, im Westen an den Atlantischen Ozean.

Seine schroffen Küsten, Waldgebiete, grüne Landschaften, seine attraktive und vielseitige Küche locken alljährlich viele Touristen an. Der Jakobsweg der bis nach Santiago de Compostela führt, war und ist die älteste, meist begangene oder befahrene Route Europas.

Eine geologische Besonderheit Galiciens sind die Rías[3]. Es handelt sich um lange, schlauchförmige Flussmündungen, die ins Meer reichen. Hier mischt sich das Süßwasser der Flüsse mit dem Salzwasser des Atlantiks. Diesem Umstand ist es zu verdanken, dass in den Rías Meeresfrüchte und Muscheln sehr gut wachsen. Die Rías sind demnach auch der Arbeitsplatz für viele Muschelsammler und Fischer.

Vigo arbeitet, Santiago betet und A Coruña lebt (Vigo trabaja, A Coruña se divierte y Santiago reza.)

In diesem galicischen Sprichwort über die Arbeitsteilung der größten Städte Galiciens steckt ein wahrer Kern. In dem Wallfahrtsort Santiago de Compostela, neben Rom und Jerusalem die drittwichtigste Pilgerstätte der Christenheit, wird naturgemäß viel gebetet. Allerdings wird hier auch gelernt, denn Santiago ist auch eine der wichtigsten spanischen Universitätsstädte.

---

[1]http://www.investinspain.org/invest/es/regiones/index.html.

[2]www.investinspain.org und http://www.galicia.es/de/economia.

[3]http://www.planet-wissen.de/kultur/suedeuropa/galicien_vom_atlantik_umspuelt/index.html.

Vigo ist die große Hafen- und Industriestadt im Süden Galiciens, und die Küstenstadt A Coruña im Norden des Landes war von jeher eine wichtige Hafen- und Handelsstadt.

In den vergangenen Jahrzehnten hat sich in Galicien eine erfolgreiche Bekleidungsindustrie entwickelt. Besonders die Modekette „Zara" des „Inditex"-Konzerns konnte sich auf dem internationalen Markt etablieren. Nach Angaben der Regionalregierung Galiciens gibt es im Textilsektor rund 1800 Unternehmen, in denen 18.500 Menschen beschäftigt sind.

Um die Region für Investoren wirtschaftlich attraktiver zu gestalten, gibt es EU-Hilfen, um sich niederzulassen. Aus diesem Grund sind in den letzten Jahren immer mehr F + E Zentren gegründet worden, mit zum Teil nationaler Bedeutung.

Wasserkraft, thermische Kraftwerke und Windparks machen Galicien zu einer Region, die einen Überschuss in der Stromerzeugung leistet.

Asturias – Asturien

Asturien ist eine ausgesprochene Schwerindustrieregion und bekannt für Eisenhüttenindustrie, Metallurgie und Investitionsgüterindustrie. Gijón und Avila sind zwei wichtige Häfen Spaniens.

Neben der Informationstechnologie und der Biotechnologie ist Asturien heute auch bekannt für die Milchprodukte-Industrie (z. B. die Milch „leche Asturiana"). Im Wissenschaftsbereich ist die Erforschung neuer Materialien (Materialforschung und Nanotechnolgie) von Bedeutung. Auch im Tourismus zählt Asturien zu den wichtigen Regionen Spaniens mit jährlich steigenden Besucherzahlen.

Pais Vasco – Baskenland

Das Baskenland gehört neben Katalonien zu den wohlhabendsten Regionen Spaniens. Auch die Arbeitslosigkeit liegt unter dem spanischen Durchschnitt. Über lange Zeit war es eine der am stärksten entwickelten Regionen in Spanien. Seine Wirtschaft basierte auf der Industrie, insbesondere der Stahlindustrie, dem Schiffsbau und der Produktion von Investitionsgütern. Das Baskenland ist ebenfalls bekannt für die Waffenindustrie. Heutzutage ist die Region stark in den Sektoren Erneuerbare Energien, Informationstechnologie und der Biotechnologie.

Navarra

Wenn man an Navarra denkt, ist die erste Assoziation die „San Fermines" mit dem weltweit berühmten Stierlauf in Pamplona, die jährlich vom 6. bis 14. Juli gefeiert werden und Navarra in dieser Zeit zu einer Touristenattraktion werden lässt.

Auch die Universität in Pamplona, zusammen mit der Universitätsklinik, hat einen hervorragenden, internationalen Ruf.

Navarra ist ebenfalls industriell geprägt, wenn auch nicht so stark wie Asturien und das benachbarte Baskenland. In der Automobilbranche ist Volkswagen mit seinem Werk in Pamplona ein sehr großer Arbeitgeber der Region.

La Rioja

Die autonome Gemeinschaft La Rioja grenzt an Navarra, dem Baskenland im Norden und Castilla y Leon im Süden. Berühmt ist diese kleine Region vor allem wegen ihres Weinanbaus. Der Rioja Wein ist Synonym für Qualität und Tradition und hat sich auch international einen Namen gemacht. Die Tabakindustrie hat ebenfalls eine lange Tradition. Ein weiterer wichtiger Agrarsektor ist die Konservenindustrie für Gemüse, Früchte und Pilze. Ein Bereich von großer Relevanz im gesamten Ebrotal sind die Automobilhersteller Mercedes-Benz, Nissan, Opel, General Motors, Seat und Volkswagen, die auch eine große Anziehungskraft auf Zulieferfirmen ausüben. Mecanizaciones Aeronáuticas, S.A. (MASA) liefert Komponenten für die Flugzeugindustrie und ist ebenfalls ein bedeutender Arbeitgeber. Zu den herausragenden Firmen mit internationalem Ruf in Rioja zählen die Gruppe Rioglass, die Spezialglas für die Autoindustrie und viele ande Industriezweige herstellt, auch für Solarthermische Kraftwerke. Renommiert ist La Rioja auch in der Schuhindustrie mit sehr vielen international bekannten Schuhmarken, Calzados Pitillos, Calzados Fluchos, Calzados Fal, um nur einige zu nennen.

Castilla y Leon (Kastillien-Leon)

Castilla y León grenzt an neun anderen spanischen Regionen und an Portugal. Somit bildet diese Region einen strategisch wichtigen Ausgangspunkt für den Handel zwischen Südeuropa und dem Rest des Kontinents.

Castilla y León verfügt über 8 Universitäten, zwei von ihnen, Salamanca und Valladolid, zählen zu den ältesten in Europa.

In traditionellen Industriezweigen wie Automobil- und Lebensmittelindustrie positionieren sich die Unternehmen an der Spitze auf nationaler oder europäischer Ebene. Daneben sind Bereiche wie Papier, Luftfahrt, Informationstechnologie und Kommunikation, Sicherheit, Biotechnologie und Logistik wichtige Sektoren.

Es gibt vier Automobilwerke: Renault (Valladolid und Palencia), Group Fiat-Iveco- (Valladolid) und Nissan (Ávila).

Die Landwirtschaft und die Lebensmittelindustrie spielen in Castilla y León eine wichtige Rolle. In der Getreideherstellung ist die Region in Spanien führend. Die wichtigsten Weingebiete der Region sind Ribera del Duero, Rueda, Toro, Bierzo, Arribes und Tierras de León.

Castilla y Leon steht an zweiter Stelle in der Stromerzeugung in Spanien, rund 13 % der nationalen Gesamterzeugung stehen einem Verbrauch von 5 % gegenüber. Es gibt eine erhebliche Energiediversifizierung und eine klares regionales Engagement für die Entwicklung der erneuerbaren Energien.

Als Weltkulturerbe-Städte zählen Avila, Salamanca und Segovia. Der Weg nach Santiago durch die Provinzen, vorbei an Burgos, Palencia und León und die herzogliche Stadt Lerma, sind tragende Säulen des Kulturtourismus der Region.

Aragon

Die strategischen Sektoren[4] der aragonesischen Wirtschaft sind die Automobilindustrie, Logistik und Transport, erneuerbare Energien, der Dienstleistungssektor, die Lebensmittelindustrie und der Tourismus.

Das Ebro-Tal ist eines der wichtigsten Industriezentren Spaniens und umfasst Branchen aus allen Bereichen, vor allem die Baumaschinen-, Landmaschinen-, Papier-, Stahl-, Elektronik-Industrie, aber auch Chemische Industrie und Lebensmittelindustrie. Die Wirtschaft ist geprägt von überwiegend kleinen und mittleren Unternehmen. Seit 28 Jahren ist Figueruelas (Zaragoza) die Heimat des General Motors Werks Spanien.

Aragon verfügt über ein ausgezeichnetes Klima und fruchtbaren Boden und bietet somit beste Voraussetzungen für qualitativ hochwertige Bioprodukte. Obst und Gemüse, Milchprodukte, Fleisch und Schinken, Öle und Weine mit Herkunftsbezeichnung gehören zu den bekanntesten Markenprodukten der Region.

Besonders wird geforscht im Bereich von Wasserstoff, was unter anderem durch die Gründung einer Wasserstoff-Stiftung getragen wird.

Das überdurchschnittlich starke Engagement für erneuerbare Energien wird durch einen Anteil von mehr als 70 % aus erneuerbaren Energien produziertem Strom des Gesamtverbrauchs gekennzeichnet. Aragon ist Spitzenreiter in der Umsetzung von Umweltprojekten aufgrund von günstigen Grundstücken in den dünn besiedelten Gebieten und seiner zentralen Lage. Die Region sticht auch im Bereich Recycling von traditionellen Materialien wie Papier, Glas oder Haushaltsgeräten hervor.

Cataluña – Katalonien

Die Diversifizierung der katalanischen Wirtschaftsstruktur und die Wechselbeziehungen zwischen den verschiedenen Sektoren machen Katalonien zu einem idealen Standort für Industrie- und Dienstleistungsunternehmen.

---

[4]http://www.aragon.es/ und www.investinspain.org.

Mit mehr als 12.000 km Straße, etwa 1600 km Eisenbahnlinie, drei internationalen Flughäfen, zwei der wichtigsten Häfen im Mittelmeer, ist die geostrategische Lage von Katalonien eine ideale Plattform Europas als Sprungbrett zu lateinamerikanischen Märkten, Nordafrika und dem Mittleren Osten.

Katalonien verfügt mit mehr als 725 öffentlichen und privaten Schulen über ein umfangreiches Bildungsangebot von hoher Qualität. Es hat auch ein Netzwerk von 12 Universitäten und einige der angesehensten Business Schools Europas (IESE, ESADE).

Katalonien ist ein wichtiger Tourismusmagnet und bietet hunderte von Kilometern sonniger Strände entlang der Mittelmeerküste, 53 Golfplätze, 11 Skigebiete, 16 Nationalparks, 29 Yachthäfen usw.

Der spanische Pharmasektor konzentriert sich vor allem in Katalonien, mit 50 % der Labors, 60 % der Produktionsstätten und 66 % der Unternehmen, die in der Feinchemie arbeiten. Darüber hinaus haben die vier großen spanischen Pharmalabors (Prodesfarma Almirall, Esteve, Ferrer Internacional und Uriach) ihren Ursprung und Sitz in Katalonien.

Diese Tradition und Dynamik hat starke, internationale Investoren angezogen. So vereint Katalonien sieben der Top-Ten-Pharmaunternehmen weltweit: Pfizer, Bristol-Myers Squibb, Merck, Sanofi Aventis, Novartis, Glaxosmithkline und die Roche-Gruppe.

Katalonien, vor allem der Großraum von Barcelona, positioniert sich als attraktiver Standort für Unternehmen, die ihre Aktivitäten an einer einzigen Stelle in EMEA konzentrieren wollen.

Die Lebensmittelindustrie ist der wichtigste Industriesektor in Katalonien. Die Region hat den größten Lebensmittel-Cluster in Spanien und einen der größten europaweit. Der Sektor wird von kleinen und mittleren Unternehmen dominiert, hat aber auch einige einheimische multinationale Unternehmen hervorgebracht, wie Nutrexpa, Freixenet, Agrolimen (Affinity, Gallina Blanca, Lindor, El Pavo), Torres und Borges. Wichtige multinationale Unternehmen wie Nestlé, Danone und Cargill haben Katalonien ebenfalls als unerlässlichen Standort entdeckt.

Eine Unabhängigkeit Kataloniens von Spanien hätte weitreichende Folgen für die Unternehmenskultur der Region.

Castilla la Mancha

Castilla la Mancha grenzt an die Region Madrid und ist somit sehr zentral gelegen und bietet Zugang zu 50 % der spanischen Konsumenten. Somit ist diese Region ein wichtiger Standort für Handelsunternehmen und Transportfirmen. Wie ein Spinnennetz durchziehen die wichtigsten Autobahnen zu den Haupthäfen die Iberische Halbinsel, so dass der Warenverkehr in beide Richtungen diese Region passieren muss.

Castilla-La Mancha spielt eine wichtige Rolle in der Agrar- und Ernährungsindustrie in den Bereichen Wein, Olivenöl, Gemüse, Fleisch, Käse und Milchprodukte. Die Region bietet exzellente Bedingungen für deren Zulieferindustrie wie Verpackungs- und Transportunternehmen, dank ihrer Nähe zu Madrid. Ein wichtiger Sektor ist auch die weiterverarbeitende Lebensmittelindustrie. In Castilla La Mancha stehen die Werke der wichtigsten Vertreter der Luftfahrtindustrie: Flugzeugbauteile für Airbus in Illescas und Eurocopter in Albacete. Diese Unternehmen ziehen auch Zulieferer an. Die natürlichen Ressourcen eröffnen der Region auch hervorragende Chancen auf dem Gebiet der erneuerbaren Energien.

Madrid

Madrid ist nicht nur politische, sondern auch unternehmerische Hauptstadt und das Wirtschafts- und Finanzzentrum Spaniens. In der autonomen Region Madrid findet man mehr als 500.000 Unternehmen aller Wirtschaftssektoren. Jedes fünfte Unternehmen Spaniens hat seinen Firmensitz in Madrid. Von den 2000 größten Firmen Spaniens, haben 72 % ihre Zentrale in Madrid. Mit mehr als 6 Mio. Personen und einem durchschnittlichen Einkommen von 33.000 € ist Madrid, gemessen an der Kaufkraft, die drittstärkste Region Europas.

Mit 16 Universitäten, 7 öffentlichen und 9 privaten, hat Madrid die meisten Studenten in Spanien und auch europaweit ist es eine der Regionen mit den höchsten Akademikerzahlen. Einige der renommiertesten Business Schools sind in Madrid angesiedelt, unter anderem ESADE, IESE, EOI, CEF, ESIC oder IEB.

Geostrategisch ist Madrid exzellent gelegen und bietet Zugang zum iberischen Markt, also Spanien und Portugal, Europa und Nordafrika und dient oft als Ausgangspunkt für Geschäftsbeziehungen zum lateinamerikanischen Markt.

Die Region verfügt über ein ausgezeichnetes Netz an Technologie- und Wissenschaftsparks, die Madrid Network genannt werden (www.madridnetwork.org), und auch über eine hohe Anzahl an Forschungszentren (www.imdea.org).

Zu den herausragenden Standortfaktoren von Madrid gehört auch das Bildungsangebot mit mehr als 35 internationalen Schulen, ein hoher Standard im Gesundheitswesen, und ein hoher Kultur und Freizeitwert.

Extremadura

Extremadura[5] liegt im Südwesten der Iberischen Halbinsel und besteht aus den beiden Provinzen Caceres und Badajoz. Es ist die Region, die als Verbindungsachse zwischen den beiden iberischen Hauptstädten gilt, Madrid und Lissabon, denn sie liegt auf halbem Weg zwischen den beiden.

---

[5]www.investinspain.org und https://es.wikipedia.org/wiki/Extremadura#Econom.C3.ADa.

Der Dienstleistungssektor stellt den größten Wirtschaftszweig dieser autonomen Gemeinschaft dar. Kleine und mittlere Unternehmen stehen für eine Wirtschaftsentwicklung, die geprägt ist vom Handel mit dem benachbarten Land Portugal. Die wichtigsten Teilsektoren dabei sind Energie, Agrarindustrie, Kork, Stein, Maschinenbau und Textilien. Im Bereich der Energie hat der Ausbau von Stauseen und Wassergräben zu einer stabilen Nutzung der Wasserkraft geführt, so dass die Produktion von Energie größer ist als der Bedarf der Region.

Extremadura fördert innovatives Unternehmertum auch mittels seines ausgeprägten Netzes von F + E Zentren.

In der Lebensmittelindustrie ist die Konservenindustrie bedeutend.

Andalucia – Andalusien

Aufgrund eines hervorragenden, sonnengeprägten Klimas ist die Wirtschaft Andalusiens, im Süden Spaniens, einerseits geprägt vom Tourismus, mit bekannten Städten wie Granada, Sevilla, Córdoba, Jerez, Cádiz, um nur einige zu nennen, aber auch von der Landwirtschaft. Das Meer an Gewächshäusern an der Küste von Almeria, Granada und Malaga bringt Reis, Zückerrüben, Baumwolle, Obstbäume, und Gemüse wie Tomaten und Paprika oft in mehreren Ernten im Jahr hervor. Im Inland ist die Landschaft auch geprägt von Weinreben, Getreide, Oliven- und Mandelbäumen.

Auf dem Gebiet der Fischerei und Fischzucht steht Andalusien mit ihren kilometerlangen Küsten und 9 wichtigen Häfen, allen voran Algeciras, an zweiter Stelle. In der Fischproduktion sei Cadiz als Thunfischlieferant genannt. Es wäre jedoch bei weitem nicht genug, Andalusien nur auf Landwirtschaft und Tourismus zu beschränken.

Die Region verfügt über ein modernes Netz von Gründerzentren, Forschungszentren, Technologieparks und Clustern, die alle zusammen für eine fortschriftliche, technologische Entwicklung dieser Region stehen.

Andalusien ist auch die zweitwichtigste Region Spaniens und eine der wichtigsten in Europa auf dem Gebiet der Aeronautik. EADS und Airbus sind die wichtigsten Vertreter in diesem Sektor, die noch viele kleine Zulieferer anziehen.

Im Bereich der erneuerbaren Energien, allen voran Solarenergie, Windenergie und Biomasse, steht Andalusien als sonnenreichste Region Spaniens an erster Stelle bei der Anzahl aufgestellter Solarkollektoren und ist eine der Pionierregionen Spaniens im Bereich der aufgestellten Windräder. Aus diesem Grund haben führende Unternehmen aus diesem Bereich ihren Sitz in Andalusien. Auch die Marmorindustrie ist von internationaler Bedeutung.

Kanarische Inseln

Selbstverständlich ist der vorherrschende Wirtschaftszweig der Tourismus. Aber die Kanarischen Inseln haben zudem eine besondere Stellung in Spanien. Als ZEC „Zona Especial Canaria", Sonderzone haben sie eigene Steuergesetze, unterliegen spanischem Recht, sind von der EU zugelassen und deshalb sehr attraktiv für Investitionen. Als Beispiel sei die 4 % Körperschaftssteuer genannt. Anstelle der Mehrwertsteuer, die auf der Insel nicht gilt, wird eine niedrigere Inselsteuer, Impuesto General Indirecto Canario (IGIC), von aktuell 5 % erhoben.

Geostrategisch interessant gelegen an der südwestlichsten Zone Europas, in Höhe von Afrika, bieten die Kanaren auch aufgrund historischer und wirtschaftlicher Verbindungen optimalen Zugang zu diesem Kontinent.

Es gibt auch einige weniger bekannte und doch sehr bemerkenswerte Unternehmungen auf den Inseln.

- Aufgrund von steuerlichen Anreizen werden dort viele Werbespots oder Kurzfilme gedreht.
- Die faszinierende Biodiversität der Inseln sind prädestiniert für herausragende Forschung in den Bereichen Biomedizin, Biotechnologie, Meeres- und Naturressourcen.
- Exzellenzzentrum für Optik, Astrophysik und Raumfahrt. Aktuell teilen sich 60 Institutionen aus 19 Ländern Teleskope und andere Instrumente auf den Kanarischen Inseln.
- Einzigartige Naturbedingungen für Unternehmensprojekte im Bereich der Solarenergie, Windenergie oder der Gezeitenenergie.

Auch wenn wir nicht alle autonomen Gemeinschaften vorstellen, ist es selbstredend, dass auch sie in allen wichtigen Wirtschaftssektoren Spaniens vertreten sind. Sie sollten sich vor einer Geschäftsanbahnung auch mit den Gegebenheiten der autonomen Gemeinschaften Balearen (Tourismus), Cantabrien (Fischkonservenindustrie, Gezeitenkraftwerk, Hafenstadt), Valencia (bekannt für Orangenanbau, wichtige Hafenverbindung, Tourismus), und Murcia (Tourismus, Landwirtschaft, Konservenindustrie) beschäftigen. Interessanter Ausgangspunkt für Geschäfte mit Nordafrika bieten natürlich auch die beiden Enklaven Melilla und Ceuta.

Arbeitsmarkt

4

Der spanische Arbeitsmarkt[1,2] ist gekennzeichnet durch eine hohe Arbeitslosigkeit: die landesweite Arbeitslosenquote lag zum Jahresende 2015 bei über 20 %, den landesweiten Spitzenwert erreichte die Provinz Cadiz mit über 37 %. Es herrscht eine hohe Jugendarbeitslosigkeit von über 50 % der zwischen 16- und 25-Jährigen.

Es gibt einen hohen Anteil sogenannter Mil-Euristas, das sind vor allem junge Arbeitnehmer mit Zeitverträgen und einem Monatsgehalt von unter 1000 €. Der Anteil der unbefristeten Arbeitsverhältnisse ist im europäischen Vergleich am niedrigsten.

In Spanien gibt es einen gesetzlichen Mindestlohn: Den Salario Minimo Interprofesional: Bei Vollzeitbeschäftigung beträgt dieser in 2016: 655,20 €/Monat.

4.1 Arbeitszeit

In der Regel beträgt die wöchentliche Arbeitszeit 40 h. Sehr häufig auf 6 Arbeitstage verteilt, d. h. der Samstag ist in vielen Berufen ein normaler Arbeitstag. Ferner ist auf das Phänomen der Siesta hinzuweisen. Häufig wird die Arbeitszeit durch eine ausgiebige Mittagspause zwischen 14 und 17 Uhr unterbrochen. Gleitzeit oder Teilzeit sind wenig verbreitet.

---

[1]http://www.enterspain.com/?Arbeiten-in-Spanien/Vertrag-und-Gehalt.
[2]*(aus Geschäfte Spanien – Bove – pdf)* Bové Montero & Asociados – Geschäfte machen in Spanien – 10. Auflage, Profit Editorial I., S.L., Barcelona, 2012 und Aktualisierung 2015.

© Springer Fachmedien Wiesbaden 2016
M. Vorbrugg und H. Brenner, *Geschäftsanbahnung in Spanien*, essentials,
DOI 10.1007/978-3-658-15105-8_4

4.2   Urlaub und Feiertage

Pro Monat werden 2,5 Tage Urlaub gewährt. Gezählt werden die natürlichen
Tage, als auch Samstage und Sonntage, so dass es üblicherweise einen Monat
Urlaub pro Jahr gibt. In Spanien gibt es 14 gesetzliche Feiertage. 10 davon sind
nationale Feiertage, jeweils 2 Feiertage gelten auf regionaler und lokaler Ebene.

4.3   Der spanische Arbeitsvertrag

Arbeitsverhältnisse sind in Spanien im Wesentlichen durch die nachfolgenden
Texte geregelt: An erster Stelle ist das sogenannte Arbeiterstatut („Estatuto de los
Trabajadores") zu nennen. An zweiter Stelle sind die Tarifverträge anzuführen,
die zwischen den Unternehmen und Arbeitnehmervertretern ausgehandelt werden
und deren Einhaltung für beide Parteien verbindlich ist.

Die wesentlichen Punkte der Arbeitsgesetzgebung

- Arbeitgeber:
  - Arbeitgeber kann jede über 18 Jahre alte und geschäftsfähige natür-
    liche Person sein. Minderjährige über 16 Jahre benötigen das Einver-
    ständnis der Eltern oder eines Repräsentanten.
- Arbeitnehmer:
  - Arbeitnehmer kann jede geschäftsfähige Person ab 16 Jahren sein.
    Minderjährige dürfen keine Nachtschichten arbeiten. Minderjährige
    unter 16 Jahren bedürfen der Erlaubnis der Eltern oder dem richterli-
    chen Vormund.
- Arbeitsvertrag:
  - Grundsätzlich kann ein Arbeitsvertrag schriftlich oder mündlich ver-
    einbart werden. Ein Arbeitsvertrag stellt das Einverständnis zwischen
    Arbeitgeber und Arbeitnehmer über die Bereitstellung der Arbeits-
    kraft gegen eine Bezahlung dar. Um Rechtssicherheit zu gewährleis-
    ten, sollte der Arbeitsvertrag in jedem Falle schriftlich fixiert sein.
    Werden diese Verträge nicht schriftlich verfasst, so gelten sie auto-
    matisch als unbefristete Vollzeitverträge.

Der Arbeitsvertrag muss von beiden Parteien unterschrieben werden und beim
zuständigen Arbeitsamt (Oficina del INEM) innerhalb von 10 Tagen zur Regis-
trierung vorgelegt werden. Dem Arbeitnehmer ist ein Exemplar auszuhändigen.

Unterscheidung nach Frist

* Unbefristeter Arbeitsvertrag: contrato indefinido
* Befristeter Arbeitsvertrag: contrato temporal ó de duracion determinada

In Spanien dominieren die befristeten Arbeitsverhältnisse (ca. 80–90 %). Vom
Staat wird daher mittels sogenannter Bonifikationen bei Sozialabgaben versucht,
den Abschluss von unbefristeten Verträgen und die Einstellung von bestimmten
Bevölkerungsgruppen (Frauen, Jugendliche, Opfer häuslicher Gewalt) zu fördern.

Die wichtigsten Vertragsarten

* Teilzeitvertrag (contrato a tiempo parcial):
  – Nahezu alle Vertragsformen können als Teilzeitvertrag abgeschlossen
    werden. Teilzeitverträge bedürfen stets der Schriftform, andernfalls
    wird Vollzeit angenommen.
* Ausbildungsvertrag (practica und formacion) Praktikum:
  – Dauer 6 Monate bis 2 Jahre, wird neben der ursprünglichen Idee
    praktische Berufserfahrung zu sammeln, gelegentlich von Firmen
    zum Drücken von Gehältern bei Neueinstellungen gebraucht. Das
    Gehalt beträgt im ersten Jahr min. 60 %, im 2. Jahr 75 % des norma-
    len Gehalts für die entsprechende Position.
* Befristeter Arbeitsvertrag (contrato por obra o servicio):
  – Zielsetzung ist die Ausführung einer bestimmten Arbeit oder Dienst-
    leistung (z. B. Baustelle, Projekt, …) von nicht eindeutig zu bestim-
    mender Zeitdauer. In den Tarifverträgen wird geregelt, welches die
    auszuübenden Leistungen sein können.
* Unbefristeter Arbeitsvertrag (contrato indefinido):
  – Dieser Vertrag bedarf der Schriftform. Es besteht eine Abfindungs-
    verpflichtung: 33 Tage pro Jahr bis maximal 24 Monatsgehälter.

4.4   Besonderheiten

Weiterbildung
Jede Gesellschaft, jedes Unternehmen und jeder Selbstständige mit mindestens
einem Arbeitnehmer ist berechtigt im Rahmen der „geförderten Weiterbildung
der Arbeitnehmer" einen Zuschuss zu erhalten. Der Zuschuss bezieht sich auf das
Kalenderjahr und kann jährlich erneuert werden.
Der zugewiesene Betrag hängt von der durchschnittlichen Anzahl der Arbeitnehmer des Vorjahres ab. Dieser Betrag gilt jährlich, und wenn er nicht in
Anspruch genommen wird, verfällt er für das kommende Jahr.
Es gibt noch sehr viele Firmen, vor allem kleinere, die dieses Programm nicht
kennen und deshalb nicht davon profitieren, ihre Mitarbeiter fortzubilden, damit
diese sich mehr mit dem Unternehmen identifizieren, fit sind in der Aufgabenbe-
wältigung und damit mehr leisten.

Jährliche ärztliche Untersuchung
Ein weiterer positiver Aspekt der Arbeitgeberpflichten, entweder gesetzlich oder
tariflich bedingt, ist die jährliche ärztliche Untersuchung. Jeder Arbeitnehmer hat
das Recht auf eine jährliche Untersuchung. Der Arbeitnehmer kann, muss aber nicht
zustimmen, dass die Ergebnisse dem Arbeitgeber mitgeteilt werden. Bei einigen
Berufen (z. B. Piloten, im Baugewerbe, im Chemiesektor), ist die Teilnahme an diesen Untersuchungen verpflichtend und hier muss der Arbeitgeber über den gesund-
heitlichen Zustand des Mitarbeiters informiert werden. In manchen Fällen wird ein
Arbeitnehmer nur nach vorhergehender ärztlicher Untersuchung eingestellt.

4.5   Sozialversicherung

Die Sozialversicherungsbeiträge sind teils vom Arbeitgeber, teils vom Arbeitnehmer
zu entrichten. Zur Festsetzung der jeweiligen Sozialversicherungsbeiträge werden
die Arbeitnehmer in verschiedene Beitragsklassen eingeteilt. Für jede dieser Klassen
gibt es Mindest- und Höchstsätze, die gewöhnlich jedes Jahr angepasst werden. Der-
zeit haben die verschiedenen Berufsgruppen und Tätigkeitsklassen folgende Höchst-
und Mindestsätze wie in Tab. 4.1 dargestellt.[3]
In Tab. 4.2 werden die jeweiligen Abgaben von Unternehmer und Angestellten
aufgeführt. Die Angaben sollten jedoch von einem Experten geprüft werden, da
es viele Spezialfälle gibt, und die Prozente somit variieren können.

[3]*aus Geschäfte Spanien – Bove – pdf)* Bové Montero & Asociados – Geschäfte machen in
Spanien – 10. Auflage, Profit Editorial I., S.L., Barcelona, 2012 und Aktualisierung 2015.

Tab. 4.1 Berufsgruppen – Mindest- und Höchstbemessungsgrundlagen

BERUFSGRUPPE	Mindestbemessungs-grundlage EUR/Monat ab 1.1.2016	Höchstbemessungs-grundlage EUR/Monat ab 1.1.2016
1. Ingenieure, Hochschul-absolventen und gehobenes Management	1.067,47	3.642,00
2. Technische Ingenieure, Gutachter, diplomierte Assistenten	885,37	3.642,00
3. Höhere Verwaltungsange-stellte und Werkstattmeister	770,10	3.642,00
4. Assistenten ohne Diplom	764,40	3.642,00
5. Verwaltungsangestellte	764,40	3.642,00
6. Hilfskräfte	764,40	3.642,00
7. Bürogehilfen	764,40	3.642,00
EUR/Tag	**EUR/Tag**	
8. Sachbearbeiter 1 und 2	25,48	121,40
9. Sachbearbeiter 3 und Facharbeiter	25,48	121,40
10. Hilfsarbeiter	25,48	121,40
11. Arbeitnehmer unter 18 Jahren	25,48	121,40

Tab. 4.2 Abgaben Unternehmer – Angestellte

	Unternehmen (%)	Angestellter (%)	Total (%)
Kranken- und Rentenversicherung	23,6	4,7	28,30
Arbeitslosenversicherung (unbefristeter Vertrag)	5,50	1,55	7,05
Arbeitslosenversicherung (befristeter Vollzeitvertrag)	6,70	1,60	8,30
Fortbildung	0,60	0,10	0,70
Gehaltsgarantiefonds	0,20	–	0,20

4.6 Kündigung des Arbeitsvertrags, Vertragsende und Anspruch auf Abfindung

Regelung der Abfindung

- Befristeter Vertrag:
  - Bei Ablauf steht dem Arbeitnehmer in der Regel der sogenannte Finiquito zu (Sonderzahlung von 12 Arbeitstagen). Des Weiteren werden das 13./14. Monatsgehalt (abhängig vom Tarifvertrag/Convenio Colectivo) anteilig erstattet: Parte Proporcional de Paga Extra.
- Abfindung (indemnizacion) bei unbefristetem Arbeitsvertrag:
  - Alle neuen unbefristeten Arbeitsverträge generieren einen Anspruch auf Abfindung von 33 Tage/Jahr bis zu maximal 24 Monatsgehältern.
  - Bei Kündigungen aufgrund der wirtschaftlichen Situation des Unternehmens (es reicht ein Verlust oder Umsatzrückgang in 3 aufeinanderfolgenden Quartalen) kann die Abfindung auf 20 Tage/Jahr reduziert werden, wobei der FOGASA, (Fondo de garantia salarial, ein vom Arbeitsministerium eingerichteter Fonds zur Zahlung von Gehältern) davon 8 Tage übernimmt.
  - Disziplinarische berechtigte Kündigungen generieren keinen Abfindungsanspruch.
  - Des Weiteren werden jeweils das 13./14. Monatsgehalt (abhängig von Tarifvertrag/Convenio Colectivo) anteilig erstattet: Parte Proporcional de Paga Extra.

4.7 Arbeitslosengeld und Abfindungen – Unterschied zu Deutschland

▷ Ein enormer Unterschied zu Deutschland ist, dass es Abfindungen und einen Anspruch auf Arbeitslosengeld nur im Falle einer Kündigung durch den Arbeitgeber gibt.

Somit müssen Mitarbeiter alles ertragen, was ihnen im Berufsalltag passiert, bis sie eine neue Arbeitsstelle finden, was bei der hohen Arbeitslosigkeit eine

Herausforderung ist. Wenn man Spaniern erzählt, dass man in Deutschland bei eigener Kündigung einige Monate gesperrt ist, dann aber Arbeitslosengeld erhält, ist man ganz erstaunt: Spanier finden es selbstverständlich, dass man seinen Arbeitsplatz nicht freiwillig aufgibt.

Dennoch gibt es natürlich auch in Spanien Menschen, die ihren Arbeitsplatz verlassen wollen, bevor sie eine neue Stelle finden und versuchen alles, um entlassen zu werden.

Firmengründung: wichtigste Gesellschaftsformen

5

Dem zukünftigen Unternehmer stehen in Spanien verschiedene Rechtsformen[1] zur Unternehmensgründung zur Verfügung. Sie unterscheiden sich dabei wesentlich hinsichtlich Haftungsfragen, Gründungsaufwand (zeitlich und kostenmäßig), Steuerrelevanz und Offenlegungspflichten. Bei jeder Existenzgründung sollten daher die jeweiligen Vor- und Nachteile der Rechtsformen gegeneinander abgewogen werden und es ist üblich, mit einem „Gestoria" (Steuerberater) zusammenzuarbeiten. Da sich die Rechtsformen in Spanien kaum von den bekannten in Deutschland unterscheiden, soll im Folgenden auf wichtige Begriffe und Formalitäten während der Firmengründung eingegangen werden.

5.1 Rechtsformen

Grundsätzlich wird auch in Spanien zwischen natürlicher und juristischer Person (Persona fisica vs. Persona juridica) unterschieden und es gibt die gängigen Gesellschaftsformen:

Unternehmensformen in Spanien

- Autonomo oder empresario individual:
  - Personengesellschaft: Freiberufler und Selbstständiger

- Sociedad Civil:
  - Vergleichbar mit der deutschen BGB Gesellschaft

---

[1]http://www.enterspain.com/?Business-in-Spanien/Rechtsformen-von-Unternehmen.

© Springer Fachmedien Wiesbaden 2016
M. Vorbrugg und H. Brenner, *Geschäftsanbahnung in Spanien*, essentials,
DOI 10.1007/978-3-658-15105-8_5

- Sociedad de Responsibilidad Limitada kurz S.L.:
  - Die spanische GmbH

- Sociedad Limitada Nueva Empresa (S.L.N.E.):
  - Dieser Rechtsform liegt die Idee zugrunde, eine handelsrechtliche Gesellschaft binnen weniger Tage gründen zu können. Mindeststammkapital 3000 €, max. Stammkapital 120.000 €, max 5 Gesellschafter

- Sociedad Anonima S.A.:
  - Spanische Aktiengesellschaft

5.2 Wichtigste Abkürzungen im Rahmen von Steuernummern

Diese Begriffe werden in Spanien für Steuernummern für private Personen und Firmen verwendet:

Steuernummern in Spanien

- NIE (Número de Identificación de Extranjero):
  - Diese Steuernummer wird an ausländische Staatsbürger vergeben.

- DNI (Documento Nacional de Identidad):
  - Diese Steuernummer wird an spanische Staatsbürger vergeben. Dieselbe Nummer wird für den Führerschein verwendet.

- NIF (Número de Identificación Fiscal):
  - Dies ist eine allgemeine Bezeichnung für die Steuernummer, die für alle Privatpersonen gilt. Für Spanier ist die Nummer DNI plus ein Buchstabe; für Ausländer ist es NIE.

- CIF (Certificado de Identificación Fiscal):
  - Das ist eine Steuernummer für Firmen. Sie besteht aus einem Buchstaben und 8 Ziffern. Der Buchstabe steht für den Typ der Firma, der häufigste Buchstabe ist ‚A' für Sociedad Anónima oder ‚B' für

Sociedad Limitada. Der Buchstabe ‚N' wird für nicht in Spanien ansässige Firmen verwendet.

• Europäische Ust-Nummer (Número IVA):
  – Das ist ‚ES', gefolgt von CIF.

• Sozialversicherungsnummer:
  – Diese Nummer wird beantragt, wenn man in Spanien zum ersten Mal eine Erwerbstätigkeit aufnimmt. Bei allen folgenden Erwerbstätigkeiten bleibt diese Nummer bestehen. Selbstständige beantragen diese Nummer selbst.

• CCC-Nummer (Código de cuenta de cotización):
  – Das ist die Sozialversicherungsnummer eines Unternehmers. In jeder Provinz, in der das Unternehmen tätig wird, muss diese Nummer angefordert werden.

5.3   Formalitäten bei der Gründung und Inbetriebnahme einer Gesellschaft[2]

• Bescheinigung des zentralen Handelsregisters, aus der hervorgeht, dass keine andere Gesellschaft mit demselben Namen registriert ist.
• Vorherige Anmeldung der Investition bei der Generaldirektion für Handel und Investitionen in den in der geltenden Gesetzgebung über ausländische Investitionen vorgesehenen Fällen
• Protokoll über die vor einem Notar von den Gesellschaftern abgegebenen Erklärungen zum wirtschaftlichen Eigentümer der neuen Gesellschaft.
• Notarielle Beurkundung der Gründung.
• Anmeldung der ausländischen Investition bei der besagten Generaldirektion innerhalb eines Monats nach der notariellen Beurkundung.

---

[2]*aus Geschäfte Spanien – Bove – pdf)* Bové Montero & Asociados – Geschäfte machen in Spanien – 10. Auflage, Profit Editorial I., S.L., Barcelona, 2012 und Aktualisierung 2015.

- Anmeldung bei dem für den Steuersitz zuständigen Finanzamt zur Zuteilung einer Steuernummer (NIF). Bei einer Gesellschaft mit nicht ansässigen Gesellschaftern und/oder Vertretern müssen natürliche nicht ansässige Personen eine Ausländer-Identifikationsnummer (NIE) beantragen, ausländische juristische Personen benötigen eine Steuernummer (NIF).
- Vorlage der Erklärung über die Befreiung von der Gesellschaftsteuer.
- Eintragung ins Handelsregister.
- Zahlung der anfallenden Kommunalsteuern.
- Erfüllung aller arbeitsrechtlichen Formalitäten.

5.4   Selbstständige – Autónomo

Besondere Erwähnung verdient der „autónomo". Eine Rechtsform, die weit verbreitet ist in Spanien, und die seit Jahren mehr Anerkennung und Rechte fordert, da man der Meinung ist, eine hohe Abgaben- und Steuerlast zu tragen, aber wenig Rechte im Gegenzug bekommt.

Selbstständige, Freiberufler und Administratoren von spanischen GmbHs, also S.L., müssen sich sozialversichern. Die Versicherung erfolgt im sogenannten Regimen General de Trabajadores Autonomos oder kurz RETA.

Eingangs wurde darauf aufmerksam gemacht, dass es sinnvoll ist, mit einer Gestoría zusammenzuarbeiten. Als autónomo ist es unabdingbar, weil es unzählige Bestimmungen gibt, die sich kontinuierlich ändern und es selbst den besten Steuerberatern Mühe kostet, sich auf dem Laufenden zu halten.

Mit dem Anreiz zur Selbstständigkeit soll der hohen Arbeitslosigkeit entgegengewirkt werden. Es werden Modelle erschaffen, um junge Selbstständige, Frauen, Selbstständige mit Behinderung, ältere Selbstständige zu fördern, aber auch selbstständigen Anreize zu bieten, selbst eigene Mitarbeiter einzustellen. Diese hehren Ziele führen zu einem Dickicht an Maßnahmen und Bestimmungen.

Wirtschaftsförderung: Rahmenbedingungen für Subventionen

6

Wirschaftsförderung wird in Spanien großgeschrieben. Man findet zu fast allen Themen europäische, nationale, regionale oder kommunale Förderprogramme. Auf den Internetseiten der EU, der Ministerien, der Regionen und der Rathäuser wird man sehr gut durch die vielen Möglichkeiten geführt.

Dieses Netz aus Hilfen, Subventionen und Vergütungen besteht aufgrund der hohen Arbeitslosigkeit und auch, weil große Firmen nur in einigen Teilen Spaniens angesiedelt sind und im restlichen Staatsgebiet hauptsächlich kleinere und mittlere Firmen zu finden sind, und, wie schon an anderer Stelle angedeutet, die Regierung versucht, Anreize zu schaffen für die Gründung von ganz kleinen Unternehmen, um die Anzahl der Selbstständigen zu erhöhen.

Auch für diesen Service gibt es ein Heer von Dienstleistern, doch das könnte eine lohnenswerte Investition sein.

Im Schlusskapitel, „Links zu Behörden, Firmen und Organisationen" findet man unter den regionalen Organisationen oder auch bei Investinspain die Informationen für jede Region zu Wirtschaftssektoren und auch zu Subventionen.

Es gibt viele Arten von Hilfen. Wir zeigen im Folgenden stichpunktartig Hilfsmaßnahmen in Andalusien[1], gültig im Februar 2016.

Anreize für Innovationen und Unternehmensentwicklung am Beispiel Andalusien

- An wen sind die Hilfen gerichtet?
  - Unternehmen in den jeweiligen Regionen

---

[1]*Beispiel (*www.investinspain.org *– Andalusien) 18.02.2016.*

© Springer Fachmedien Wiesbaden 2016
M. Vorbrugg und H. Brenner, *Geschäftsanbahnung in Spanien, essentials,*
DOI 10.1007/978-3-658-15105-8_6

- Vor allem KMUs
- Gruppierung und Wirtschaftsverbände
- Bestimmte Industriezweige: Insbesondere findet man im Bereich Aeronautik, Lebensmittelindustrie, Biotechnologie, Energie-Umweltschutz, Informationstechnologie, Tourismus neue Wirtschaftssektoren

- Arten von Anreize:
  - Nichtrückzahlbare Zuschüsse
  - Rückzahlbare Zuschüsse
  - Zinsvergünstigungen
  - Kredite
  - Risikokapital
  - Kredite aus Mitteln der Europäischen Investitionsbank
  - Bürgschaften

- Bezuschussbare Projekte:
  - Neugründungen
  - Modernisierung von Unternehmen
  - Projekte der Kooperation zur Wettbewerbsfähigkeit
  - Forschungsprojekte – Innovationen, F + E

Hilfen zur Schaffung von Arbeitsplätzen und der Weiterbildung von Arbeitnehmern

- Zuschuss-Programme zur Schaffung von Arbeitsplätzen:
  - Generell gibt es für jeden unbefristeten Vertrag 3000 bis 4750 € Zuschuss. In bestimmten sozioökonomisch schwierigen Zonen kann die Hilfe bis zu 15.390 € pro Vertrag betragen.
  - Es werden vor allem Hilfen gegeben bei der Einstellung von jungen Menschen, Berufsanfängern, Frauen, Frauen über 45 Jahren, Behinderten.

- Zuschuss-Programme zur Weiterbildung:
  - Programme, die an eine Übernahme nach Beendigung der Weiterbildung gekoppelt sind, mit dem Ziel, Arbeitslose in Arbeit zu bringen und gleichzeitig berufspraktische Fähigkeiten zu vermitteln.
  - Programme zur ständigen Weiterbildung, um die Mitarbeiter zu fördern, zu spezialisieren und auf dem Laufenden zu halten.

Regionale Programme werden oft bezuschusst vom Europäischen Fonds für Regionale Entwicklung, im Spanischen FEDER.

Hilfreich, um sich in einem EU-Land niederzulassen, ist die europäische Plattform EU-GO, die sich als „One-Stop" Behördenwegweiser sieht.

Ausbildungssystem Spanien – Sichtweise mit deutschen Maßstäben

Das spanische Schul- und Ausbildungssystem[1] unterscheidet sich in vielen Punkten von dem deutschen System. Kinder sind vom 6. bis 16. Lebensjahr schulpflichtig. Davor können sie in eine escuela infantil oder guardaria gehen. Die Mehrheit der Kinder besuchen öffentliche Schulen, aber viele gehen auch in private Schulen. Das spanische Bildungssystem lässt sich in fünf Stufen untergliedern:

Educación Infantil (Vorschulzeit)
Diese Vorschulerziehung (Educación Préescolar) ist freiwillig und für Kinder von 0–6 Jahren gedacht. Hier wird bereits eine Fremdsprache angeboten. Es wird unterteilt in zwei Phasen, genannt „ciclos", von 0–3 und von 3–6 Jahre.

▶ Positiv ist, dass der zweite Zyklus, also von 3–6 Jahren, bereits als „Schule" angesehen wird. Die Kinder sind in Klassen eingeteilt, die im Schulgebäude der Grundschule integriert sind. Meist in abgetrennten Teilen oder mit getrennten Schulhöfen. Es findet spielerisch Unterricht statt und am Ende können die Kinder die Buchstaben und die Grundzahlen und einige Worte in einer Fremdsprache, meist Englisch. Es wird gebastelt und es gibt auch Zeit zum Spielen.

Educación primaria (Grundschule)
Diese Grundschule dauert sechs Jahre und ist ebenfalls in zwei „ciclos" von jeweils drei Jahren eingeteilt. In Spanien gibt es drei Arten von Schulen:

---

[1]http://www.spanieninfo.biz/de/leben-in-spanien/schulsystem.html.

© Springer Fachmedien Wiesbaden 2016
M. Vorbrugg und H. Brenner, *Geschäftsanbahnung in Spanien*, essentials,
DOI 10.1007/978-3-658-15105-8_7

öffentliche, private und halbstaatliche. Die Ausbildung läuft jedoch überall nach demselben Schema ab.

➤ Das Schulmaterial ist äußerst klar und anschaulich aufgebaut, aber der Unterricht zielt vor allem darauf ab, viel Auswendiggelerntes abzufragen. Viele Fächer haben vergleichbare Inhalte wie in Deutschland, selbstverständlich abgesehen von geschichtlichen und kulturellen Kenntnissen. Allerdings fällt hier schon auf, dass die Fremdsprachenausbildung in Spanien noch verbesserungswürdig ist. Meistens können die Lehrer die Sprache selbst nicht sehr gut, manche waren noch nicht einmal im Ausland. Die Aussprache ist für deutsche Ohren sehr gewöhnungsbedürftig. Viele Kinder gehen zusätzlich am Nachmittag in sogenannte „academias", weil man sich dort eine bessere Fremdsprachenausbildung verspricht, was leider nicht immer der Fall ist.

Educación secundaria obligatoria – ESO (Sekundarstufe I)
Danach folgt für die Schüler der Wechsel in die Mittelschule, die vier Jahre dauert. Der Unterricht wird in zwei „ciclos" eingeteilt. Der ersten drei Jahre und dann noch das letzte Jahr. Der Abschluss der Sekundarstufe I ist mit der Mittleren Reife in Deutschland vergleichbar.

➤ Wie in vielen Ländern besteht das spanische Schulsystem aus einem einzügigen Zweig und nicht, wie in den meisten Bundesländern in Deutschland, unterteilt in Hauptschule-Realschule-Gymnasium. Die Folge ist, dass viele Schüler im Unterricht nicht mitkommen, sie Probleme bereiten und ihre Zeit „absitzen". 15–20 % der Jugendlichen haben keinen Abschluss der 10. Klasse, also ESO. Hat ein Schüler die ESO nicht bestanden, kann über einen Zwischenschritt die weiterführende Berufsschule besucht werden. Hierbei werden im sogenannten „Programa de Garantia Social" für Jugendliche von 16 bis 21 Jahren innerhalb eines Jahres berufliche Grundkenntnisse vermittelt. Nach Bestehen der Prüfung steht der berufsbildende Zweig offen.

Nach Abschluss der ESO haben die Jugendlichen die Wahl zwischen der weiterführenden Schule oder dem Berufsleben.

Bachillerato (Sekundarstufe II/Abitur)
Die Stufe des Bachillerato entspricht der Oberstufe der deutschen Gymnasialausbildung, dauert ebenfalls zwei Jahre und bietet einen allgemeinbildenden

Unterricht. Die Schüler können zwischen einem künstlerischen, naturwissenschaftlichen, geistes- und sozialwissenschaftlichen und technologischen Profil wählen.

Formación profesional (Berufsbildung)

Der berufsbildende Schulzweig[2] (Formación profesional) dauert ebenfalls zwei Jahre und schließt mit dem Titel des Técnico ab.

Die fachspezifische Berufsbildung ermöglicht eine berufliche Erstausbildung und ist in eine mittlere (Formación Profesional de Grado Medio) und eine höhere Berufsbildung (Formación Profesional de Grado Superior) unterteilt. Für die mittlere Berufsbildung ist die abgeschlossene ESO Voraussetzung, für die höhere Berufsbildung das Bachillerato.

Private Bildungseinrichtungen sind ebenfalls Anbieter von beruflichen Ausbildungen. Diese sind in der Regel jedoch nicht staatlich geregelt. Abschlüsse privater Bildungsträger sind daran zu erkennen, dass sie nicht den Titel „Técnico de Grado Medio" oder „Técnico de Grado Superior" tragen.

Einige private Bildungseinrichtungen sind staatlich anerkannt und berechtigt, Ausbildungen des staatlichen Systems anzubieten. Eine Auflistung der anerkannten privaten Institute sind im „Registro Estatal de Centros Docentes no Universitarios" zu finden.

„Certificados de Profesionalidad" (Berufszertifikate) sind eine zusätzliche Möglichkeit einen Ausbildungsabschluss zu erwerben bzw. ermöglichen es Fachkräften, die ihre Kenntnisse in einer nicht-formalen Ausbildung erlangt haben, ihre Fähigkeiten offiziell anerkennen zu lassen. Mehrere Berufszertifikate entsprechen einer formellen Ausbildung. Dabei muss es sich um Berufsqualifikationen handeln, die im nationalen Katalog der Berufsqualifikationen („Catálogo Nacional de Cualificaciones Profesionales") aufgeführt sind.

Eine Übersicht über die einzelnen Module eines „Certificado de Profesionalidad" sind auf den Seiten des „Instituto Nacional de Qualificaciones[3]" zu finden.

▶ Im Unterschied zum deutschen System erfolgt die Berufsausbildung nicht in einem Unternehmen. 25 % der Ausbildung sind allerdings als Pflichtpraktikum in einem spanischen Betrieb zu absolvieren. Während der Ausbildung erhalten die Jugendlichen keine Vergütung und sind somit auf die finanzielle Unterstützung der Eltern angewiesen.

---

[2]https://www.bq-portal.de/de/db/berufsbildungssysteme/1823.

[3]http://www.educacion.gob.es/educa/incual/ice_incual.htm.

Man kann mit einem Abschluss der Formación Profesional de Grado Superior unter bestimmten Voraussetzungen auch die Universität besuchen. Es gibt die ersten erfolgreiche Ansätze der „formación dual", duale Ausbildung. Das deutsche Modell gilt auch in Spanien als Vorbild. Aufgrund der hohen Arbeitslosigkeit im Land ist es seit 2012 möglich, eine duale Ausbildung zu machen. Die Deutsche Handelskammer in Spanien (AHK) hat seit 2014 zahlreiche spanische und deutsche Unternehmen beraten, wie duale Ausbildung in Spanien in die Praxis umgesetzt werden kann. Auch die Berufszertifikate (certificado de profesionalidad) sehen inzwischen einen hohen Anteil an praktischem Einsatz im Betrieb vor.

Universität

Weiterführende Bildung kann man durch den Besuch einer Universität[4] erlangen. Den Zugang zu einer Hochschule erhält man nur nach erfolgreicher Teilnahme an einer von den Universitäten ausgerichteten Prüfung (selectividad), welche bis zu dreimal wiederholt werden kann. Nach Bestehen der Prüfung erhält man eine Hochschulzugangsnote, welche sich aus der Gesamtnote der Prüfung und der Note des Bachilleratos zusammensetzt. Sie ist ein entscheidendes Auswahlkriterium für den Zugang zu einer Universität und einem Studienplatz.

Das Hochschulstudium in Spanien gliedert sich in drei Abschnitte, die traditionell als diplomatura (Diplom), licenciatura (Lizenziat) und doctorado (Promotion) bezeichnet werden. Diese drei Abschnitte entsprechen den drei jetzigen Hochschulqualifikations-stufen Grado (Bachelor), Master (Master) und Doctor (Doktor) wie im Europäischen Hochschulraum, bzw. werden im Rahmen der Umstellungen nach „Bologna" dahin gehend umgestellt.

Die spanischen Hochschulen sind eigenständige Einrichtungen, die ihre Bildungsangebote selbst bestimmen können. Das Hochschulsystem umfasst sowohl öffentliche als auch private Hochschulen.

Im jährlich veröffentlichten Ranking Europäischer Business Schools der Financial Times[5] befinden sich 2015 drei spanische Schulen unter den TOP 10.

Grundsätzlich gibt es in Spanien eine sehr große Anzahl von privaten oder auch internationalen Schulen. Meistens sind das britische, deutsche, französische oder amerikanische Schulen. Aber auch Schulsysteme anderer Staaten sind vertreten: Schweden, Norwegen, Finnland, Schweiz, Italien, Japan. Manchmal sind

---

[4]http://www.enterspain.com/?Leben-in-Spanien/Studium.

[5]http://rankings.ft.com/businessschoolrankings/european-business-school-rankings-2015.

Organigrama del Sistema Educativo Español

SISTEMA EDUCATIVO L.O.M.C.E.

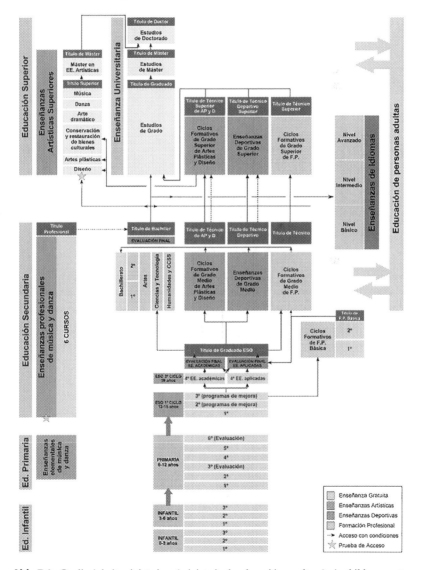

Abb. 7.1 Quelle Arbeitsministerium (ministerio de educación y cultura) -Ausbildungssystem

die Schulen auch für spanische Kinder, manchmal nur für Kinder der jeweiligen Nationalitäten zugänglich.

Anerkennung von spanischen Abschlüssen in Deutschland
In jedem Bundesland in Deutschland gibt es die Zeugnisanerkennungsstelle, in der die Anerkennung der Schulabschlüsse beantragt werden kann. Mit einer im Ausland erworbenen Berufsqualifikation kann man in Deutschland berufstätig sein.

Um bessere Chancen auf dem Arbeitsmarkt zu haben, lohnt es sich zu prüfen, ob der Beruf in Deutschland reglementiert ist. Dann kann man eine staatliche Anerkennung für den Berufszugang und die Ausübung beantragen. Ist der Beruf in Deutschland nicht reglementiert, kann man sich mit dem ausländischen Zeugnis direkt auf dem deutschen Arbeitsmarkt bewerben oder selbstständig machen.

Es gibt drei Portale in Deutschland, die helfen, die richtigen Behörden pro Bundesland zu finden. Es sind:

- Zentralstelle für ausländisches Bildungswesen
- Anerkennung in Deutschland
- BQ-Portal

Anerkennung von deutschen Abschlüssen in Spanien
Deutsche Abschlüsse können in Spanien anerkannt werden. Anträge müssen zentral beim Bildungsministerium gestellt werden. Abb. 7.1 zeigt das aktuell geltende Bildungssystem.

Geschäftsbeziehungen: Spanische Mentalität versus deutsche Mentalität

8

Sie möchten sich in Spanien niederlassen, Sie beginnen eine Geschäftsbeziehung mit einer spanischen Firma? Mit den folgenden Informationen und Tipps möchten wir Ihnen einen persönlichen Eindruck vermitteln über das Geschäftsleben in Spanien.

Hierarchischer Führungsstil

In Spanien herrscht ein viel hierarchischeres Denken als in Deutschland. Während man in Deutschland den Chef immer mehr als „Coach" seiner Mitarbeiter versteht, besteht in Spanien mehr die traditionelle Sichtweise.

Es wird gemacht, was der Chef sagt, unabhängig davon, ob man davon überzeugt ist. Die Anweisungen werden nicht infrage gestellt. Diese Arbeitsweise erhöht natürlich auch die Demotivation von Mitarbeitern, vor allem bei Vorgesetzten die keine eigene Entfaltungsmöglichkeit lassen.

Arbeitsweise in Spanien

In Spanien pflegt man das Hier und Heute zu leben und sich weniger Sorgen um die Zukunft zu machen. Deshalb ist den meisten Spaniern eine langfristige Planung fremd. Ähnlich verhält es sich im Arbeitsleben. Spanier pflegen selten eine Planung der Arbeitsaufgaben durchzuführen. Wenn diese Planung dennoch besteht, dann arbeitet man nach dem Prinzip, „Was muss fertig werden?". Das bedeutet, dass man viele Tätigkeiten im letzten Moment macht. Leider schlägt sich das manchmal dann auch auf die Qualität des Ergebnisses nieder. „Chapuza", Pfusch, ist ein gängiges Wort in Spanien – ersichtlich zum Beispiel sehr oft in der Qualität der Häuser oder Wohnungen. Dennoch kann man sagen, dass Spanier Improvisationskünstler sind, kreativ und am Ende Lösungen für fast alles haben. Sie sind jedenfalls keine Perfektionisten.

© Springer Fachmedien Wiesbaden 2016
M. Vorbrugg und H. Brenner, *Geschäftsanbahnung in Spanien,* essentials,
DOI 10.1007/978-3-658-15105-8_8

≫ *Ein nettes Beispiel wurde uns erzählt von einem Deutschen, der in Spanien eine Autowerkstatt für „Schönheitsreparaturen" eröffnet hatte. Denn es gibt kaum ein spanisches Auto, das nicht mindestens eine oder mehrere Dellen hat. Doch dieses Geschäftsmodell fand keinen Anklang. Spanier sehen keinen Sinn darin, ihr Auto im perfekten Zustand zu halten.*

Siezen – Duzen

Sehr gewöhnungsbedürftig ist für Deutsche anfangs das Duzen in Spanien. Während es im englischen Sprachgebrauch nicht auffällt, da „you" sowohl „Du" als auch „Sie" bedeutet, unterscheidet die spanische Sprache zwischen „tu", das freundschaftliche Du, und „usted", das formelle Sie. Im normalen Alltag duzt man sich sehr schnell. Der Gebrauch der Vornamen ist gängig. Wenn man im Geschäftsleben jemanden noch nicht kennt, spricht man ihn mit dem Vornamen an und mit „usted". Meistens wandelt es sich sehr schnell in ein „tu". Man kann es von sich aus anbieten oder der Gesprächspartner bietet es an. Im Schriftverkehr, auch in Briefen oder E-Mails mit Behörden, Eltern redet man sich mit dem Vornamen an und verwendet „Usted". Auch hier wandelt es sich oft in ein tu. Wenn man sich vorstellt, dann mit dem Vornamen. Auffällig ist im Zusammenhang mit dem Hierarchiedenken, dass man einen hohen Chef zwar siezt, aber mit „Don Pedro" oder „Doña Maria" anspricht, also mit dem Vornamen.

Begrüßung

Man begrüßt sich mit Händedruck zwischen Männern, Frauen mit jeweils einem Küsschen links und rechts und zwischen Männern und Frauen oft auch mit Küsschen.

Zuverlässigkeit Kommunikation

„Estamos en ello" (wir arbeiten daran) oder „no te preocupes" (mach dir keine Sorgen) sind typische Aussagen, auf die man sich nicht verlassen sollte. Grundsätzlich gilt, dass man Spaniern am besten eine „fecha límite" (einen Abgabetermin) nennen sollte, da sie oft, wie vorhin erwähnt, in letzter Minute an der gestellten Aufgabe arbeiten. Man sollte sich nicht darauf verlassen, Dinge zu erreichen, die man nur per E-Mail kommuniziert hat. In Spanien ist die persönliche Kommunikation wichtig. Man erreicht meistens mehr, wenn man zum Telefonhörer greift. Die Aussage, ich habe eine E-Mail geschickt, aber noch keine Antwort erhalten, hilft nicht. Zum Telefonhörer greifen, reden, dann geschieht sehr schnell etwas. Tendenziell gilt dies um so stärker, je mehr man in den Süden von Spanien kommt.

Sitzungen – Essenszeiten
Die richtige Zeit zu finden, um Sitzungstermine zwischen Spaniern und Deutschen zu vereinbaren, ist eine Herausforderung. Spaniern ist ihre Mittagspause heilig. Es gibt natürlich Momente in denen man kaum Zeit hat, sich ein Sandwich zu genehmigen, aber in der Regel, wird sowohl gefrühstückt – am liebsten in der Bar ums Eck, gegen 10.30 Uhr – und ausgiebig zu Mittag gegessen. Das sollte man bedenken, wenn man Sitzungstermine oder Telefonkonferenzen plant. Am besten gleich morgens um 9 Uhr oder nachmittags um 16 Uhr. Spanier arbeiten oft länger als ihre deutschen Arbeitskollegen, da die Mittagspause länger ausfällt. Während man in Deutschland schon um 12 oder um 13 Uhr isst, fällt in Spanien die Essenszeit meistens zwischen 14 und 16 Uhr. Umgekehrt müssen sich Spanier daran gewöhnen, nach Möglichkeit keine Sitzungen mit Deutschen auf den Freitag Nachmittag zu legen, weil in vielen Firmen in Deutschland dann nicht mehr gearbeitet wird.

▶ *Übrigens gilt immer: Vereinbare ein Treffen im Restaurant, in der Bar, in der Kantine. Da kann man sich am besten austauschen und Dinge auf dem kleinen Dienstweg erledigen. Wie gesagt, Spanier kommunizieren gerne, lange und laut.*

Als Auswuchs der neuen Technologien kann man beklagen, dass Spaniern zugemutet wird, zu jeder Tageszeit auf dem Handy angerufen zu werden, wenn nötig auch im Urlaub oder am Wochenende. Deshalb ist niemand erstaunt, wenn eine Sitzung am Abend oder am Wochenende stattfindet. Im August haben viele Firmen geschlossen, arbeiten in „jornada intensiva" von 8 bis 15 Uhr oder arbeiten mit wenigen Mitarbeitern.

Qualifikation der Mitarbeiter
Es gibt ein breites Spektrum an Qualifikationsniveaus spanischer Mitarbeiter.
    Einerseits gibt es die vielen Schulabgänger, die aufgrund des einzügigen Schulsystems nicht die Fähigkeit hatten, mitzukommen, ohne Abschluss auf der Straße sitzen und sich mit Gelegenheitsjobs herumschlagen. Vielleicht ein Grund dafür, warum in Spanien eine so hohe Arbeitslosigkeit herrscht.
    Abgänger von Universitäten sind in der Regel sehr gut ausgebildet und wenn diese Studenten die Zeit genutzt haben, ihre Fremdsprachenkenntnisse auf ein akzeptables Niveau zu bringen, dann findet man meistens sehr gute Berufsanfänger. Selbstverständlich muss man die Zeit aufbringen, wie bei allen Hochschulabgängern, die jeweiligen Inhalte der eigenen Firma oder Branche beizubringen. Es

fällt auf, dass auch in technischen Berufen sehr viele weibliche Studienabgänger sind, oft mit hervorragenden Qualitäten.

Die Mitarbeiter mit Berufsausbildung (formación profesional) haben ganz unterschiedliche Bildungsniveaus. Wie in Kap. 7 dargestellt, gibt es gesetzlich festgelegte Berufsgruppen und die Ausbildung erfolgt an Schulen mit einem Anteil Praktika.

Arbeitszeugnis

Es ist unüblich, dass eine Firma ein Zeugnis für die in der Firma geleisteten Tätigkeiten und eine Mitarbeiterbeurteilung fällt. Auf Wunsch des Mitarbeiters stellt eine Firma dem Mitarbeiter ein Empfehlungsschreiben aus. Spanische Bewerbungen bestehen oft nur aus einem Lebenslauf, dem keine Bestätigungen von Firmen beigefügt sind, die dem Kandidaten die gesammelte Berufserfahrung bestätigen. Teilweise gibt es nicht einmal ein Anschreiben, in dem die Motivation der Bewerbung beschrieben wird.

Lohnniveau

Das Lohnniveau ist in Spanien viel niedriger als in Deutschland und der Mindestlohn beträgt ca. 4 € im Vergleich zu den 8,50 € in Deutschland. Aufgrund der hohen Arbeitslosigkeit und der Wirtschaftskrise in den letzten Jahren, werden leider auch Universitätsabgänger weit unter dem Niveau ihrer deutschen Kommilitonen bezahlt.

Spanische Bürokratie

Im Geschäftsleben kommt man nicht darum herum, sich auch mit spanischen Behörden zu beschäftigen. Und es ist wahr, dass man sehr viel Geduld aufbringen muss, auch wenn man inzwischen in fast allen Bereichen telefonisch oder per Internet Termine vereinbaren kann und somit die Wartezeiten meistens nicht sehr lang sind.

Geduld braucht man deshalb, weil sich Gesetze und Verwaltungsanordnungen ständig ändern, manchmal die Beamten selbst nicht auf dem neuesten Stand sind, welche Unterlagen man benötigt, um einen bestimmten Verwaltungsakt zu erledigen.

Vieles kann man im persönlichen Gespräch erklären und man findet gemeinsam eine Lösung. Spanische Beamte sind in der Regel nett und hilfsbereit, wenn man ihnen mit der entsprechenden Art entgegentritt.

Es gibt Spanier, die das Risiko eingehen und Verordnungen nicht einhalten, nicht erfragen und hoffen, nicht erwischt zu werden. Doch diese Vorgehensweise ist nicht empfehlenswert. Vor allem, weil in den letzten Jahren aufgrund der Wirtschaftskrise, die Behörden immer penibler werden, auf der Suche nach Gründen, Geldbußen verhängen zu können.

Zahlungsmoral

Spanien ist bekannt dafür, dass die Zahlungsmoral nicht außergewöhnlich ausgeprägt ist. Vor allem seit der Wirtschaftskrise haben vor allem kleinere Firmen darunter zu leiden, und manchmal ist der Grund dafür, dass viele schließen, dass die größeren Unternehmen den Umstand ausnutzen und verspätet zahlen. Der öffentliche Sektor ist dabei am unzuverlässigsten. Es gibt Firmen, die haben ein Zahlungsziel von bis zu 180 Tagen oder wenden das Modell des „Bank confirmings" an, bei dem man sein Geld vorzeitig bei der Bank abheben kann und dafür eine Gebühr bezahlt. Das andere Extrem sind Firmen, die nur gegen Vorkasse verkaufen. Ein schwieriger Umstand für Selbstständige oder kleine Firmen.

Für den öffentlichen Sektor hat man mit dem „Ley de la morosidad" (Schuldengesetz) festgelegt, dass man erstens die Rechnungen digital einreichen kann (denn es verschwanden wundersamerweise immer wieder Rechnungen), und zweitens, dass Behörden innerhalb von 30 oder 60 Tagen zahlen müssen.

Umzug nach Spanien – nützliche Infomationen und Tipps

9

Wenn man aus beruflichen Gründen nach Spanien umzieht, dann hat man viele Themen, die einen beschäftigen. Dieses Kapitel soll ein paar persönliche Eindrücke geben, vom Leben mit und unter Spaniern.

Lebensweise

Spanier sind auch im Alltag so, wie man sie im Urlaub kennengelernt hat. Sehr liebenswerte Zeitgenossen, freundlich, hilfsbereit, spontan. Sie reden gerne, sie reden vor allem laut und sie reden alle durcheinander. Es ist immer wieder amüsant, Spanier diskutieren zu sehen und man fragt sich, wie sie es dennoch schaffen, zu kommunizieren, obwohl sie sich gegenseitig ins Wort fallen. Natürlich gibt es auch in Spanien die ewigen Nörgler, die sich über jeden und alles beschweren. Und laut ist in Spanien alles. Die Musik in den Bars, im Kino, in Konzerten. Fernsehen läuft in vielen Familien den ganzen Tag, auch wenn man Besuch hat. In den Bars sowieso und auch im Tourismusbereich ist es wichtig, dass die Zimmer einen Fernseher haben.

Tagesrhythmus

Auffällig ist der unterschiedliche Tagesrhythmus der Spanier. Bevor man das Haus verlässt, wird kurz gefrühstückt. Später gibt es ein zweites Frühstück, sowohl in der Schule, als auch auf der Arbeit. Mittagessen (almuerzo) wird zwischen 14 und 16 Uhr eingenommen. Danach trifft man sich eventuell auf einen Kaffee gegen 17 bis 18 Uhr. Kinder bekommen gegen 18 oder 19 Uhr eine Merienda (eine Vesper). Und Abendessen (cena) nimmt man spät gegen 21–22 Uhr ein. Kleineren Kindern wird manchmal eine reichhaltige Merienda gegeben und abends dann nur noch ein Kakao. Somit geht man später ins Bett als in Deutschland, vor allem die kleineren Kinder.

© Springer Fachmedien Wiesbaden 2016
M. Vorbrugg und H. Brenner, *Geschäftsanbahnung in Spanien,* essentials,
DOI 10.1007/978-3-658-15105-8_9

45

Ausgehen und Verabreden

Spanier gehen gern aus. Das ganze Leben findet eher draußen als drinnen statt. Während man sich in Deutschland Freundinnen zum Kaffee einlädt, trifft man sich in Spanien eher in Bars und Cafés. Mittags gibt es oft in den Restaurant günstige Menüs, so dass viele Kollegen zum Essen gehen, wenn es keine Kantine in der Firma gibt. Abends trifft man sich in vielen Regionen zum Tapas-Essen. Wenn man an der Küste wohnt, trifft man sich vor allem im Sommer zur barbacoa (zum Grillen) am Strand. Manche Spanier haben große Höfe, patios, in denen gegrillt wird. Kinder werden überall hin mitgenommen. Auch spät nachts.

Mama als Taxifahrerin

Kinder sind behüteter als in Deutschland und man traut ihnen weniger zu. Da viele Eltern große Angst davor haben, dass den Kindern im Verkehr etwas zustößt, werden die meisten Kinder, wenn sie nicht mit dem Bus fahren können, in die Schule gefahren – und am Nachmittag zum Sport und vom Sport zur Englisch-Akademie und so weiter. Somit verbringen viele Mütter ihre Nachmittage als Taxifahrerinnen ihrer Kinder.

Schule

Das Thema Schule ist natürlich ganz wichtig, wenn man in ein anderes Land geht. Die erste Frage, die man sich stellen wird, ob es eine deutsche oder internationale Schule gibt? Dennoch sollte man auch hier folgende Aspekte in Betracht ziehen bei der Auswahl der Schule.

Auch wenn es sehr viele deutsche und internationale Schulen in Spanien gibt, Kinder sind flexibler als man denkt und lernen die Sprache, in die sie eintauchen, oft problemloser als die Erwachsenen, vor allem Kinder die jünger als 10 Jahre sind. In manchen öffentlichen Schulen wird ausländischen Kindern in der Anfangszeit noch Zusatzunterricht angeboten. Ein großes Plus, was man den Kindern mitgibt, wenn man im Ausland ist, ist die Möglichkeit, mit mehreren Sprachen aufzuwachsen. Deshalb ist es empfehlenswert, die Kinder im spanischen Umfeld zu lassen und eine spanische Schule zu besuchen.

Ein zusätzliches Problem besteht darin, dass einige Regionen Unterricht in ihrer regionalen Sprache anbieten, so wie Baskisch, Katalanisch oder Galicisch.

Ferienindustrie

Das spanische Schuljahr geht von Mitte September bis Mitte Juni. Die wichtigsten Ferien sind Weihnachts- Oster- und Sommerferien. Die spanischen Schulferien (vacaciones escolares) sind im Vergleich zu vielen anderen Ländern sehr lang. Das Schuljahr besteht aus drei Semestern, jedes bis zu 11 Wochen lang.

In den Ferien helfen entweder Omas und Opas aus, oder andere Familienangehörige oder Nachbarn. Außerdem hat sich in den letzten Jahren eine ausgesprochene Ferienaktivitäts-Industrie gebildet. Man findet Ferienaktivitäten, meistens verbunden mit Sport oder Sprachen, oder sehr viele Ferienfahrten für Kinder.

Krankenversicherung
Jeder Arbeitnehmer ist in der „seguridad social", der allgemeinen Krankenversicherung und mit ihm die Familienangehörigen. Man bekommt ein „consultorio" zugewiesen, sozusagen ein Ärztehaus mit Hausarzt und Kinderarzt. Über diese beiden werden die Patienten zu allen weiteren Spezialisten überwiesen. Das funktioniert sehr gut, aber auf einen Termin mit einem Spezialisten (z. B. Hautarzt, Orthopäde) muss man oft lange warten. Aus diesem Grund schließen viele eine parallele, private Versicherung ab. Diese ist ergänzend zur Sozialversicherung und nicht alternativ. Sie ist viel günstiger als in Deutschland und man bekommt schneller Termine, kann direkt zu den Fachärzten gehen und oft bekommt man auch Behandlungen, die im öffentlichen System nicht angeboten werden. Bemerkenswert ist jedoch, dass sobald aufwendige und langwierige Behandlungen nötig sind, Patienten manchmal wieder ins öffentliche System überwiesen werden. Zahnärzte laufen meistens privat oder über eine Privatversicherung. Das öffentliche System bietet nur eine Basisbehandlung.

Führerschein nach zwei Jahren
Seit 2013 besteht die Pflicht für alle, die sich länger als zwei Jahre in Spanien aufhalten, den deutschen Führerschein abzugeben und einen spanischen zu beantragen, der dann 10 Jahre gültig ist, bzw. 5 Jahre wenn man über 65 Jahre alt ist. Hierzu muss man auch ein ärztliches Attest (reconocimiento médico) beibringen, was allerdings leicht zu bekommen ist und keiner größeren Untersuchung bedarf.

Doppelbesteuerungsabkommen und Steuererklärung
Wer in Deutschland noch eine Immobilie, Aktien oder sonstige Vermögenswerte hat, der sollte sich nach dem geltenden Doppelbesteuerungsabkommen erkundigen und welche Auswirkungen dies auf die Steuererklärung hat. In Spanien muss man sein Welteinkommen angeben mit dem Modelo 720.

Die Einkommenssteuer in Spanien ist auf dem ersten Blick einfach, weil man mit seiner NIE, die gleichzeitig die Steuernummer ist, einen Entwurf vom Finanzamt bekommt und diesen bestätigen oder modifizieren kann, aber sicherheitshalber sollte man die Steuererklärung prüfen lassen.

Mögliche Geschäftsideen in verschiedenen Wirtschaftssektoren

10

Spanien ist in vielen Wirtschaftssektoren vertreten. Von multinationalen Firmen bis hin zu den vielen kleinen Unternehmen und den Selbstständigen, alle tragen dazu bei, die Wirtschaft anzukurbeln.

Wie wir gesehen haben, spielen die Aeronautik und Luftfahrtindustrie eine wichtige Rolle. Auch die Automobilindustrie ist stark vertreten und lockt Zulieferfirmen an. In unzähligen Technologieparks und Forschungszentren im ganzen Land bringen viele schlaue Köpfe neue Ideen und neue Erkenntnisse hervor.

In der heutigen IT-Welt fehlt es auch in Spanien nicht an mittleren und kleinen Unternehmen, die diese Branche voranbringen.

Mit nationalen Programmen und regionalen Anreizen wird versucht, in vielen Bereichen das Unternehmertum zu fördern.

Dennoch verbindet man nach wie vor Spanien in erster Linie mit Landwirtschaft, Fischzucht, Tourismus und erneuerbaren Energien.

Grundsätzlich kann man sagen, haben Sie einen Beruf und sind in Deutschland mit Ihrem Geschäft erfolgreich, können Sie in Spanien investieren, vorausgesetzt Sie haben eine Standortanalyse vorgenommen, und beantworten sich die Fragen: Standort, Konkurrenz, wann, wo, wie, mit wem, etc.? Wenn diese Fragen positiv beantwortet werden, können Sie starten.

Im Folgenden sollen ein paar Beispiele aufgezeigt werden, wie sich bestimmte Bereiche weiterentwickelt haben und welche Chancen sie noch für künftige Projekte und Geschäftsfelder bieten.

Tourismus

Im Nationalen Tourismusplan bis 2020 ist vorgesehen, Spanien besser zu vermarkten. Dieses Land bietet nicht nur Strand und Sonne. Spanien bietet ein umfangreiches Freizeitangebot mit zahlreichen kulturellen und historischen

© Springer Fachmedien Wiesbaden 2016
M. Vorbrugg und H. Brenner, *Geschäftsanbahnung in Spanien*, essentials,
DOI 10.1007/978-3-658-15105-8_10

Attraktionen. Ein in meinen Augen vielversprechender Bereich ist der Gesundheitstourismus, den wir uns näher ansehen wollen:

Das spanische Gesundheitswesen genießt dank seiner erstklassigen Qualität
und der hervorragenden beruflichen Qualifikation der in diesem Bereich tätigen
Fachleute weltweit ein hohes Ansehen. Es bietet den Patienten zukunftsweisende
Gesundheitsdienstleistungen zu wettbewerbsfähigen Preisen und gewährleistet
gleichzeitig vollkommene Rechtssicherheit.

Seit 2014 gibt es eine strategische Allianz der spanischen Unternehmen des
Tourismus- und Gesundheitssektors. Es dient dazu, den Kunden Gesundheitsdienstleistungen von bester Qualität zu bieten, sowie ihnen die Möglichkeit zu
geben, während der Behandlung die hervorragenden touristischen Infrastrukturen
des Landes in Anspruch zu nehmen.

„Spaincares"[1] ist die Markenbezeichnung des spanischen Clusters für Tourismus und Gesundheit (Clúster Español de Turismo de Salud).

Zur Lage und zu den Zukunftsaussichten dieses Bereiches zitieren wir den
Vizepräsidenten des Clusters, Miguel Mirones mit Auszügen aus einem Interview[2]
vom 1. Februar 2016 im spanischen Online Wirtschaftsmagazin Moneda Unica:

> Das spanische Cluster des Gesundheitstourismus ist eine Non-Profit-Organisation,
> welche die wichtigsten Vertreter der Bereiche Gesundheit und Tourismus vereint:
> den Nationalen Verband der Privatkliniken, den Nationalen Verband der Kurorte,
> den Verband der Pflegedienstleistungsunternehmen, den Verband der Hotel- und
> Touristenbeherbergungsunternehmen und den Spanischen Verband der Reisebü-
> ros. Es gehören dazu auch mehrere Verbände und Organisationen des regionalen
> Gesundheitstourismus. Die Mission des Clusters ist es, Spanien als Referenz auf
> dem Gebiet des Gesundheitstourismus zu positionieren und Gesundheits-Touristen
> anzuziehen in Krankenhäuser, Kurorte oder Pflegezentren und somit zur Schaffung
> von Wohlstand und Beschäftigung in unserem Land beizutragen.

> Gesundheits-Touristen aus Ländern wie Russland oder arabischen Staaten, die sich
> einer Behandlung im Krankenhaus unterziehen, sind Touristen mit hoher Kaufkraft.
> Nachfrage besteht für alle Arten von medizinischen Behandlungen wie Augenheil-
> kunde, Kardiologie und Herzchirurgie, Orthopädie, Gynäkologie, Onkologie, etc.

> Gesundheits-Touristen aus der Europäischen Union hingegen sind mehr interes-
> siert an vorbeugender oder ästhetischer Behandlung, sowie die plastische Chirur-
> gie, zahnärztliche Behandlungen oder Fruchtbarkeitsbehandlungen, die von den

---

[1]www.spaincares.com.

[2]http://revista.monedaunica.net/entrevistas2/8036-entrevista-con-miguel-mirones.html.

nationalen Gesundheitssystemen nicht getragen werden. In den nordeuropäischen Ländern sind mehr als 20 % der Bevölkerung älter als 60 Jahre und viele Bürger beschließen, entweder die Wintermonate im Süden zu verbringen oder aufgrund des angenehmen Klimas und der hohen Qualität der soziosanitären Infrastrukturen, ihren Lebensabend in den Süden zu verlegen.

Spaincares entwickelt eine sehr starke Verbindung zum Shopping-Tourismus. Der Erfolg dieser Partnerschaft ist auf die Tatsache zurückzuführen, dass Gesundheitstourismus und Shopping stark zusammenhängen. Eine der wichtigsten Aktivitäten vieler unserer Patienten, wenn sie sich nach einer Behandlung besser fühlen, ist das Einkaufen. Darüber hinaus hat der Shopping-Tourismus die Zielmärkte, China, Russland und die arabischen Länder, drei Märkte, die auch für den Gesundheits-Tourismus von großem Interesse sind.

Diese Branche hat bestimmt noch großes Potenzial, aufgrund der Alterspyramide in vielen Ländern, und wegen bestehender Gesundheitsvorsorge vieler Bürger im In- und Ausland sowie bestehender Schönheitsideale bei jungen Frauen und Männern. Außerdem ist es ein sehr spannender Bereich, weil viele Sektoren verzahnt werden. Man könnte sogar ein ganzes Dorf für wohlhabende Europäer errichten. Eine Baugesellschaft, Standorte im Süden Spaniens gibt es noch viele, ein Ärzteteam und los geht's. Daneben würde so ein Vorhaben auch noch Geschäftsmöglichkeiten für viele kleinere Unternehmen bieten.

▶ *Um besser auf internationale Patienten und Touristen vorbereitet zu sein, muss allerdings noch viel investiert werden in die Sprachausbildung der Mitarbeiter und in das interkulturelle Verständnis und die besonderen Bedürfnisse von vor allem asiatischen und muslimischen Patienten und Touristen.*

Schauen wir uns nun einen anderen Wirtschaftssektor an:

Die Lebensmittelindustrie

Die Schnelllebigkeit des Alltags und die Veränderung der Rollen im Haus, zusammen mit der Sorge um Gesundheit und Ästhetik, haben zu einer starken Nachfrage nach Nahrungsmitteln für eine einfache und schnelle Zubereitung geführt, die gleichzeitig gesund und nahrhaft sein soll. Als Alternative zu frischen Produkten, Konserven und Tiefkühlkost setzen sich im Lebensmittelmarkt immer mehr Produkte der sogenannten „Gama IV" durch. Gemüse, das minimal verarbeitet wird und bereit für den Verbrauch ist.

Immer mehr Lebensmittelunternehmen sehen die Notwendigkeit, eine Antwort zu liefern auf die herausfordernde Nachfrage der Verbraucher nach frischen Produkten, die gesund sein sollen, von hoher Qualität und einfach in der Zubereitung, unter Beibehaltung ihrer ernährungsphysiologischen Merkmale.

„Gama IV" bezieht sich auf saubere, frische Produkte, meist Gemüse, die geschnitten, gewaschen und verpackt im Kühlbereich der Supermärkte für den Verbrauch bereitstehen. „Gama V" sind wärmebehandelte Erzeugnisse, gekocht, pasteurisiert oder sterilisiert, die aus mehreren Zutaten bestehen und ein zubereitetes Gericht bilden.

Die Vermarktung von „Gama IV"- und „Gama V"-Gemüses basiert in erster Linie auf der Nachfrage aufgrund eines sozio-kulturellen Wandels. Um ein Produkt zu liefern, das den Anforderungen einer gesunden Ernährung, gepaart mit weniger Zeit berufstätiger Frauen und Männer zum Kochen gerecht wird, stellt „Gama IV" die optimale Lösung dar.

Ein kurzer Exkurs zum Ruf spanischer Lebensmittelprodukte
Lange Zeit war Spanien, vor allem Andalusien verrufen, wegen der Arbeitsbedingungen der meist ausländischen Arbeiter in den Gewächshäusern und dem Einsatz von Pestiziden. In den letzten Jahren, nach einigen internationalen Skandalen, werden die Bedingungen stark überwacht. Die Produktion unterliegt strengen Kontrollen und immer mehr exportierte Lebensmittel verfügen über international gängige Zertifikate. Pestizide werden in der Regel auch nicht mehr verwendet (ein paar schwarze Schafe gibt es immer). Mit biologischem Pflanzenschutz in den Gewächshäusern kann auf Pestizide verzichtet werden, und Raubmilben und andere natürliche Gegner der Schädlinge (wie Blattläuse und weiße Fliegen) sorgen dafür, dass die Produktion ohne Einbußen und ohne Chemieeinsatz vonstatten gehen kann.

Bleiben wir im Lebensmittelbereich und reden von der Fischzucht. In Spanien ist der Eigenverbrauch an Fisch hoch, so dass viele Betriebe nicht zertifiziert sind. Eine unabkömmliche Voraussetzung, um in den deutschen und nordeuropäischen Markt einzutreten. Für den spanischen Markt sind die Regeln nicht so streng. Expertise im Zertifizieren haben vor allem deutsche Unternehmen. Doch auch hier ist ein Wandel spürbar. Um sich Europa und anderen neuen Märkten zu öffnen, sind immer mehr Betriebe bereit, sich zertifizieren zu lassen. Beim Gemüse sprachen wir von verarbeiteten Produkten. Auch in der Fischindustrie vollzieht sich ein Wandel. Während Spanier traditionell ganze Fische kaufen und verarbeiten, ist es in Mittel- und Nordeuropa eher verbreitet, Fischfilet zu kaufen und zu kochen. In den letzten Jahren, aufgrund des eben erwähnten soziokulturellen Wandels, ist die Nachfrage nach Fischfilet auch in Spanien zu beobachten.

Wenden wir uns einer neuen Branche zu, der.

Energiebranche
Während vor allem in den Jahren 2006 bis 2013 die Solarthermische und Fotovoltaikbranche in Spanien boomte und somit viele spanische Firmen internationalen Ruf erwarben, Experten auf diesem Gebiet zu sein, brach diese Branche ein, als ein Gesetz die Einspeisevergütung rückwirkend senkte und damit viele Firmen an den Rand des Ruins brachte.

Von diesem Schock erholt, gibt es auch heute noch Bereiche in der erneuerbaren Energie, die noch Geschäftsvolumen versprechen für die nächsten Jahre.

Einerseits ist die Windenergie noch ein Bereich der erneuerbaren Energien, die von der Regierung gefördert wird. Andererseits sind auch die Energieeffizienz und die Förderung von Elektroautos zwei wichtige Bereiche, die wir abschließend noch näher betrachten wollen.

Elektroautos
Um den Vertrieb von Elektroautos zu stützen, wurde eine Verordnung, Real Decreto (RD), verabschiedet. Im RD 1078/2015 vom 27. November 2015 wurden die Bedingungen zum Verkauf von E-Autos und der Errichtung von Ladestationen für diese Fahrzeuge festgelegt. Dieser Plan zur Mobilität von Fahrzeugen mit alternativen Energien mit dem Namen MOVEA[3] (Movilidad con Vehiculos de Energías Alternativas) ist Teil der Initiative des Ministeriums für Industrie, Energie und Tourismus, Impulse zu geben für den Vertrieb von Fahrzeugen mit alternativen Energien 2014–2020.

Energieeffizienz[4]
Das Ministerium für Industrie, Energie und Tourismus, vertreten durch das Institut für Diversifizierung und Einsparung von Energie (IDEA – Instituto para la Diversificación y Ahorro de la Energía), verwaltet 1,4 Mrd. €, die gerichtet sind an zehn verschiedene Programme zur Energie-Einsparung und Energieeffizienz: Bau, Industrie, Transport oder Gemeinden, um auch der von der Krise gebeutelten Baubranche einen gewissen Antrieb zu verschaffen.

Die Mittel kommen sowohl aus dem Fonds für nationale Energieeffizienz, dem Staatshaushalt und dem europäischen Fonds EFRE 2014–2020.

---

[3]http://www.minetur.gob.es/industria/es-ES/Servicios/plan-movea/Paginas/ayudas-movea.aspx.

[4]http://www.idae.es/index.php/id.328/mod.noticias/mem.detalle.

Das PAREER-GROW Programm zielt auf die energetische Sanierung von Gebäuden und ist mit 200 Mio. € dotiert. Es gibt zudem ein Programm für die Erneuerung der kommunalen Außenbeleuchtung. Weiterhin können Industrieunternehmen subventionsfähige Projekte vorstellen zur Energieeffizienz in der angewandten Technologie, in Prozessen von Anlagen sowie zur Durchführung von Energiemanagementsystemen.

Es gibt auch Hilfsprogramme für Aktionen zur Verkehrsverlagerung und eine effizientere Nutzung der Verkehrsträger. Nutznießer können sowohl private als auch öffentliche Unternehmen sein.

Es sollte darüber hinaus darauf hingewiesen werden, dass im Rahmen des Nationalen Fonds für Energieeffizienz 2015, das Ministerium für Industrie, vertreten durch IDAE, Ende 2015 folgende Programme gestartet hat:

Programmaktionen für die Energieeffizienz von Schienensystemen und Programmaktionen für die Energieeffizienz des Wasserkreislaufs (Entsalzung).

Darüber hinaus können Behörden und Unternehmen im Rahmen des Programms EFRE 2014–2020 Hilfen für einzelne Projekte für kohlenstoffarme Wirtschaft beantragen, die zur Erfüllung der EU-Ziele 2020 zur Senkung der CO2-Emissionen Spaniens dienen.

Abschließend kann noch gesagt werden, dass in Spanien mangelnde Sprachkenntnisse vieler Arbeitnehmer ein großes Hindernis sind, um international tätig zu sein. Vor allem kleine und mittlere Unternehmen brauchen viel Unterstützung von qualifizierten Mitarbeitern, die mehrere Sprachen beherrschen und interkulturellen Umgang pflegen. Ein weiterer wichtiger Aspekt heutzutage ist die Beherrschung der gängigen sozialen Netzwerke und den richtigen Einsatz im Geschäftsleben. Der sogenannte Community Manager ist ein neuer junger Beruf, der immer mehr im Kommen ist.

Links zu wichtigen Organisationen, Ministerien, Behörden

Wir hoffen, unser *essential* hat Ihnen die Informationen geben können, die Sie im ersten Ansatz benötigen, um den spanischen Markt zu verstehen. Da es unmöglich ist, alle Themen zu behandeln und erschöpfende Auskunft zu erteilen, wollen wir in diesem letzten Kapitel einige Links liefern, die Ihnen als Anlaufstelle dienen sollen, um zu allen erwähnten Themen nähere Auskunft zu bekommen oder noch fehlende Aspekte zu erfragen.

Dank gilt vor allem den Mitarbeitern der deutschen Handelskammer in Spanien, der Behörde Icex des Industrieministeriums mit ihrer Homepage investinspain. Und selbstverständlich den Mitarbeitern von Bove Montero und Spaincares, die mir Material für dieses *essential* zur Verfügung gestellt haben.

Die wichtigsten Links für Geschäftsleute
http://www.auswaertiges-amt.de/sid_F857F806A921F47CA016910043B9F778/
DE/Aussenpolitik/Laender/Laenderinfos/01-Nodes_Uebersichtsseiten/Spanien_
node.html
http://www.ahk.es/ Deutsche Handelskammer für Spanien:
www.investinspain.org Behörde des Industrieministeriums – wichtige Informa
tionshilfen

Hilfen für Geschäftsanbahnungen und Subventionen: Europäisches Portal
http://www.eugo.es/portalEugo/ayudasIncentivosMapa.htm
http://www.eugo.es
Sonstige interessante Links, die ich bei der Recherche zu diesem *essential*
gefunden habe
http://www.enterspain.com/?Home
http://www.bovemontero.com/es/invertir-en-espana/invertir-en-espana/
http://www.emprendedores.es
www.spaincares.com

© Springer Fachmedien Wiesbaden 2016   55
M. Vorbrugg und H. Brenner, *Geschäftsanbahnung in Spanien*, essentials,
DOI 10.1007/978-3-658-15105-8

http://www.tourspain.es/en-us/paginas/index.aspx
http://www.minetur.gob.es/es-ES/Paginas/index.aspx
http://www.spanieninfo.biz/de/index.html

Anerkennung von Zeugnissen

Zentralstelle für ausländisches Bildungswesen www.anabin.kmk.org
Anerkennung in Deutschland www.anerkennung-in-deutschland.de
BQ-Portal www.bq-portal.de

Was Sie aus diesem *essential* mitnehmen können

- Tipps für die Geschäftsanbahnung in Spanien
- Ein Verständnis für den spanischen Markt
- Geschäftsideen für verschiedene Wirtschaftssektoren

© Springer Fachmedien Wiesbaden 2016   57
M. Vorbrugg und H. Brenner, *Geschäftsanbahnung in Spanien,* essentials,
DOI 10.1007/978-3-658-15105-8

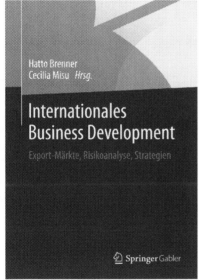

Printed in the United States
By Bookmasters